김완하의
시 속의 시 읽기 6

김완하의
시 속의 시 읽기 6

맵씨터

자서

다시 쓰는 금강

어느 시대 어느 역사 속에서도 강은 거침없이 흐르는 것. 한반도를 가로질러 4대강의 허리를 잇는 금강. 우리 금강은 중부의 심장을 관통하여 시대와 역사를 담아온 힘찬 물길이다. 수천 년 역사를 간직하고 이어져 오며 그 물길 외세의 압제에도 불구하고 꿋꿋하게 우리 민족의 삶을 지키며 생명의 진실을 간직해온 것이다. 수천 수백 번 거듭된 시련에도 금강은 더 굳세게 떨쳐 일어나 신 새벽을 열어젖힌 우리의 핏줄이다. 이 땅이 지친 몸을 뒤척일 때마다 금강은 힘찬 맥박과 호흡을 불어넣어 민족의 정기를 되살려낸 숨결이다. 최근의 국제 환경과 국내 상황 속에서도 그 흐름 그치지 않고 줄기차고 뻣세게 밀고 나가는 시대정신이다. 금강 그것은 우리가 새로이 지켜야 할 자존심이다. 금강의 정신 그것은 바로 우리가 거듭 새로이 되새겨야 할 가치이자 존재 이유다.

뜬봉샘 첫 새벽이 벅찬 꿈으로 솟았다 / 봉황의 나래

짓이 감싸 안은 신무산 안개 / 비봉천 물소리 강태동골 따라 내를 이루었다 / 무주 금산 옥천 영동 보은 대전 세종 공주 부여 강경을 휘감고, / 큰 꿈 하나 지치지 않고 달려 서해로 가 닿았다

찰진 꿈의 눈망울이 금강 천리라 했다 / 민족의 정맥 보듬으며 마을마다 품고 달리니 / 금강으로 4대강 허리 이어 중심을 관통하고 / 짙은 어둠 일거에 밀치며 내달린다 / 우리도 새벽 이끄는 힘찬 말발굽 차며 달렸다

큰 위용과 호흡 속에 작은 풀꽃의 심성을 기르고 / 새벽 맑은 이슬 속 멧새의 노랫소리 키웠다 / 강 깊은 마을마다 푸른 깃발 힘차게 나부끼니 / 금강 청년의 눈빛으로 새벽을 열고, / 금강 맑은 웃음으로 힘찬 새 길 이어왔다

금강이 흘러 수많은 금강을 낳으니 / 이 세상에 금강 닮은 사람 있다는 기쁨으로 / 금강은 덩실덩실 어깨춤 추며 5대양으로 뻗는다 / 당당한 기운으로 6대주 빗장을 열고 / 더 큰 세계의 아침을 펼쳐간다

- 졸시 「금강의 꿈」

금강은 우리 민족의 삶과 정신의 핵심을 이루어 수많은 예술가에게 영감을 주었다. 많은 작품 속에도 거듭 되살아나 있다. 그것은 위대한 문학 속에서 더 화려하게 부활하고 승화되었다. 부여가 낳은 시인 신동엽! 그의 서사시 『금강』 속에 금강은 동학의 정신으로 거듭 출렁이고 있다. 신동엽 시인의 50주기를 즈음하여 그가 남긴 시인 정신과 서사시 『금강』이 새롭게 조명받기도 하였다. 금강은 조재훈, 나태주, 구재기, 이은봉, 권선옥, 윤중호, 안용산, 강병철, 이재무, 공광규, 양문규, 이강산, 진영대, 박송이 등 수많은 시인 가슴을 뚫고 흘러왔다. 그들이 남긴 시정신 속으로 뜨겁게 맥박치며 흐르고 있다. 그것을 거슬러 올라가 그 발원지 뜬봉샘으로부터 새로이 '다시 쓰는 금강'을 열어 왔다. 그렇다. 금강 천리라 했다.

2021년 8월

김완하

차례

금강

신동엽 (1930~1969)

어느 해
여름 금강변을 소요하다
나는 하늘을 봤다.

빛나는 눈동자.

너의 눈은
밤 깊은 얼굴 앞에
빛나고 있었다.

그 빛나는 눈을
나는 아직
잊을 수가 없다.

검은 바람은
앞서간 사람들의

쓸쓸한 혼을
갈가리 찢어
꽃 풀무 치어오고

파도는,
너의 얼굴 위에
너의 어깨 위에, 그리고 너의 가슴 위에
마냥 쏟아지고 있었다.

금강 천 리라 했지. 발원지 뜬봉샘. 전북 장수군 장수읍 수분리 신무산. 조선 태조 이성계 산 중턱에 단 쌓고 기도 중 봉황이 날아간 곳, 일명 비봉천(飛鳳泉). 샘에서 솟은 물 강태동골 따라 금강 줄기 이루며 무주 금산 옥천 영동 보은 대전 세종 공주 부여 강경을 거쳐 서해에 닿는다.

금강은 첫 새벽 열어 시련 딛고 잠든 마을 들판 가로질러 흐르니. 금강은 유일의 북쪽 향해 흐르다 서쪽으로 방향 틀어 서해로 뻗친다. 마침내 부여 낙화암 절벽을 휘감고 한 시인의 가슴에 와 닿았다. 그 이름 신동엽. 그는 1930년 민족이 일본에 짓밟힐 때 태어났다. 어둠 속에도 강은 새벽을 끌어와 새 하늘과 만나는 법. 그렇게 시인은 하늘을 보았던 것. 어느 해 여름 금강 변을 소요하다 나는 하늘을 봤다. 그 일갈(一喝)은 금강을 타고 서해로 세차게 뻗쳐 오대양 깊숙이 스미어 갔으니. 그 빛나는 눈동자. 너의 눈은 밤 깊은 얼굴 앞에 빛나고 있었다. 그 빛나는 눈을 나는 아직 잊을 수가 없다. 오. 그 하늘, 그 정신, 그 눈빛이여!

금강

신동엽 (1930~1969)

백제,
옛부터 이곳은 모여
썩는 곳,
망하고, 대신
거름을 남기는 곳,

금강,
옛부터 이곳은 모여
썩는 곳,
망하고, 대신
정신을 남기는 곳
바람버섯도
찢기우면, 사방팔방으로
날아가 새 씨가 된다.

그러나

찢기우지 않은 바람버섯은

하늘도 못 보고,

번식도 없다

작은 밀알 하나가 땅에 떨어져 죽지 않으면 한 알 그대로 살고, 죽으면 더 많은 씨앗을 맺는 이 법. 그 천고 불변의 진실. 만고불변의 진리. 흐르는 것들은 모두 알고 있지. 이미 금강도 그것을 깨우쳐 시간을 껴안고 거침없이 흘러 온 것이다. 금강에 나가 스쳐 지나는 역사를 거슬러 오르면 거기 숱한 시련과 고통에 젖지 않고 달려오는 물소리 있다. 그 물소리 속 함성 끓어오른다. 함성 속 식지 않는 격정들 화살 되어 튕겨 오른다.

백제, 금강, 이곳은 망하고 썩어 정신을 남긴 곳. 백제 패망 후 그것은 썩어 거름을 남기고, 그 거름으로 새 역사 당차게 싹텄다. 아픔도 썩어 거름으로 남고, 금강 그것은 예부터 썩어 밀알로 땅에 박혔다. 바람버섯 하나도 갈가리 찢겨서야 비로소 제 가슴 어둠 벗고 천지사방 날아 새 씨로 묻힌다. 찢기지 않으면 풀잎도 다만 어둑 바위 곁 제 생을 지킬 뿐. 그것은 결코 하늘 보지 못하고, 제 족속도 일으켜 세우지 못하는 법이거늘.

금강

신동엽 (1930~1969)

우리들의 어렸을 적
황토 벗은 고갯마을
할머니 등에 업혀
누님과 난, 곧잘
파랑새 노랠 배웠다.

울타리마다 담쟁이넌출 익어가고
밭머리에 수수모감 보일 때면
어디서라 없이 새 보는 소리가 들린다.

우이여! 훠어이!

쇠방울소리 뿌리면서
순사의 자전거가 아득한 길을 사라지고
그럴 때면 우리들은 흙토방 아래
가슴 두근거리며

노래 배워주던 그 양품장수 할머닐 기다렸다.

새야 새야 파랑새야
녹두밭에 앉지 마라
녹두꽃 떨어지면
청포장수 울고 간다.

어린 날 우리는 노래를 배워 부르곤 했지. 그 노래 이야기를 낳고, 또 그 이야기 노래를 낳곤 했지. 어느 시절엔 숨어서 숨죽여 배워 부르고 듣던 노래. 그 속에는 살아 숨 쉬는 역사의 맥박이 뛰고 있었지. 그 맥박은 후세 사람들 가슴에서 가슴으로 이어지며 역사를 써나갔다. 그러는 동안 금강은 쉬지 않고 길고 긴 서사시를 쓰고 있었다. 우리 민족이 어둠에 묻힌 때도 그랬고, 가을 들녘 풍요와 기쁨 흐를 때도 그러했다.

방울 소리 흩뿌리며 일본 순사의 자전거 아득한 길로 사라지던 때. 가을이면 벼 이삭에 패던 핏빛 노을. 그건 민족이 울분 삭이기 위해 토해내던 울혈이었다. 그때 가슴 두근대며 배워 부르던 노래가 있었지. 그 노래 들려주던 방물장수 할머니. 녹두꽃 떨어지면 청포장수 울고 간다. 새야새야 파랑새야 녹두밭에 앉지 마라. 그 노랫소리 멀리 멀리 퍼져나가 시인들 가슴으로 스며들어 당찬 금강으로 살아나고 있지.

금강

엄기창(1952~)

강 윗마을 이야기들이 모여
만들어진
초록빛 섬에
물새는 늘 구구구
꿈꾸며 산다.
숨 쉬는 물살 그 가슴에
한 송이씩
봉숭아 꽃물 빛 불이 켜지면
미루나무 그늘을 덮고
고개를 갸웃거리는 새,
역사는 흘러가는 것이 아니라
말갛게 씻겨
모래알로 가라앉고
혹은
강둑 이름 모를 풀꽃으로 피는데
강심에 뿌리 내린 바위야

나도 이 비단결에

곱게 새겨지는 이름으로 남고 싶다.

이 세상 마을은 모두 강 윗마을과 강 아랫마을로 나뉜다. 그래서 두 마을 사이 강은 흐른다. 강의 흐름은 윗마을과 아랫마을 이야기를 잇기 위해 존재하는 것. 강이 흐르면 사람들 모여들어 더 큰 삶의 강을 펼친다. 그 강 위로 사랑을 나르는 구구구 물새들. 아, 아침 안개 걷히는 강둑 위로 이름 모를 풀꽃도 피어 우우우 노래한다. 강 속으로 힘차게 밀며 가는 물살 그 가슴에 봉숭아 꽃물 빛 등을 켠다.

사람들 삶은 강둑에 이름 모를 풀꽃으로 피어나 흐르는 물에 말갛게 씻긴다. 강은 시간을 쟁이며 흘러 고운 모래로 쌓인다. 누구라도 금강에 오면 비단결 순한 강 자락 위에 곱게 새겨지는 이름으로 살고 싶다. 그렇게 금강에 살면 금강을 닮고, 금강 닮은 아이를 낳고, 금강의 미소를 닮아 점점 금강으로 이어져 하나의 큰 금강이 된다. 하여 진정한 금강으로 살아가는 자가 백성 아니던가. 그가 바로 시민 아닌가.

어떤 이별을 위하여
-공주 금강에서

윤중호(1956~2004)

너 때문에 여길 온 게 아니야, 정말이다.
금강 잎, 마른 강냉이 이파리 서걱대는 밭둑에
가을이 깊어갈수록 땅 속에 뿌리 깊게 내려
애기쑥, 봄을 준비하는지, 단지
그것 때문에 여길 왔어, 정말이다.
너 때문에 여길 온 게 아니야
왜 있지, 아침마다
낮은 휘파람 소릴 내며 흐르던, 금강의
새벽안개, 아직도 살아
퍼렇게 출렁대는지, 단지
그걸 보려고 여길 왔어, 정말이다.
널 잊어버리자고 여길 온 게 아니야
어부집 가는 길 옆
아직도 금강은 낮게만 흘러
흐르고 또 흘러, 하얀 물싸리나무꽃, 아직
한 묶음씩 터뜨리는지,

그걸 보러왔어, 정말이다.

그는 또 어떤 이별을 위해 공주 금강으로 가야 했다. 그래도 저래도 금강은 표정 없이 흐를 뿐. 낮게 스미어 강심에 모래를 쌓으며 무거운 침묵으로 깊어갈 뿐. 살다 보면 그렇게 먹먹해진 가슴 한가운데로도 금강은 흐른다. 유유히 이어와 가슴에 잔 모래톱을 잔뜩 쟁이는 것이다. 그래, 금강 잎 마른 강냉이 이파리 서걱대는 밭둑에 가을 짙어질수록, 땅 속 뿌리 깊게 내린 애기쑥은 봄을 준비하는지, 단지 그걸 보기 위해 여기 왔을 뿐이다.

절대로 너 때문에 여기 온 게 아니라니까. 정말이야, 정말이란 말이야. 너 때문에 여기 온 건 절대 아니라고, 널 잊어버리자고 여길 온 게 아니라니까. 자꾸 아니야, 아니야 부정할수록 그는 이미 마음을 눈치 채인 것. 그제도 저제도 금강은 낮게 흐르고 흘러, 아직도 하얀 물싸리나무꽃 한 다발씩 터뜨리고 있는지, 그걸 보러왔을 뿐이지. 정말이야, 정말이란 말이야. 그러는 사이 금강은 어느새 눈물로 흥건해진 갈대밭 짙은 가을을 온몸으로 적시고 있다.

금강

최인석(1948~)

여린 물보라 도닥이며
금강은 흐른다
쏟아지는 대청물 잠그면서
깊디깊은 수심
여울 소리마저 재우는가
한밭골 돌아보는 젖은 눈빛
세찬 소용돌이 동심원으로 다독이네
갑천의 순한 물길
잠잠히 보듬어 안고
아득히 떠도는 새털구름마저
눈감아 보이는 푸른 길에
물길 내어주는 손길 머문다
신탄 어귀까지 내려온 버들치
둔치에 꺾인 갯버들
깊고 너른 가슴에 물리며 키워내고
실바람에 반짝하는 쪽빛

그윽한 어미의 눈동자는 머무는가
가랑가랑 잔물결 두고서

여린 물보라 젖은 눈빛이 세찬 소용돌이 다독인다. 금강은 어머니의 찰진 마음. 새벽으로 길 재촉한다. 그렇게 흘러와 대청물로 쏟아지는 마음. 깊은 수심의 여울 소리도 재우는 힘. 그건 깊디깊은 모성. 풍요와 다산으로 대지를 적시는 힘이다. 하여 갑천의 순한 물길과 만나는 곳. 금강은 어미의 마음으로 한밭골 돌아보며 어미의 눈빛으로 품는다. 딸과 아들의 투정도 다독여 또 하나의 세상 갑천 물길 보듬는다. 흐르고 흘러 신탄강 어귀에 닿으면 버들치 하나 강물에 파닥인다. 그 몸짓에 서해로 닿는 힘 실리고 그 흐름 이어 바다로 깊게 빨려든다.

뜬봉샘에서 시작해 구절양장으로 굽돌아 엄니의 마음으로 흘러온 금강. 자식의 일탈과 방황, 갈등 다 감싸 안는 너른 품을 펼친다. 그 품으로 중원의 두 개 시와 도를 보듬어 안는 품이 열린다. 그 품 안에 사람들 벅찬 삶을 일구고, 그 품에 땅과 들과 숲과 나무들 안겨 강과 함께 더불어 깊어간다.

금강

김광순(1960~)

상류로 흘러가서
파랗다,
가는 허리
물오른 둑길마다
산 노을 반짝이며
어린 꿈 날개 한 자락
눈물 씻고 나온 강

질경이 모여 사는
공주,
부여 지나와서
계룡발치 펼쳐든
논산벌 지나가다
흰나비 남실거리며
하늘 내려 흐르는 강

금강도 이렇듯 단정한 옷을 입으니 말쑥한 모습으로 새로이 태어난다. 시조. 민족혼의 정수로 흐르는 강. 그 사랑으로 금강에 평생 발을 담그고 상류로 흐르는 강줄기 하나 있다. 산 노을 속으로 이어가며 어린 날의 꿈을 안고 흘러온 강. 금강 단정한 품새의 운과 율, 그 리듬 속으로 흐르며 늘 새로운 언어의 꿈으로 차올랐다. 1960년 가는 강줄기 둑길을 따라 흐르며 소녀의 꿈을 품어온 강. 지나온 물길 모두 강변에 쌓여 보석이 되었다.

고운 흐름이 새 흐름을 낳으며 공주를 거쳐 부여를 지난다. 다시 계룡의 산과 들녘 발치 펼쳐 든 논산 벌에 닿는다. 여기에 이르러 금강은 강심 깊이 뼈를 세워 반도의 허리 떠받치는 하나의 기둥으로 선다. 그 너른 품에 나는 새들 마혼쯤에 자유롭다. 금강에는 고래가 사는 우체통도 하나 있다. 강물 위로 흐르는 달밤이면 달빛 마디를 푼다. 그 너름새와 추임새 어울린 어깨춤 장단에 맞추어 장별 배행을 구별 배행으로 흐르게 하였다.

금강

박명용(1940~2008)

강은 푸른
물소리를 낸다
강은 몸으로
하늘을 안고
일렁인다
사철 변하지 않는
마음으로
스스로 흘러
이 땅의 풀잎을
숨 쉬게 하고
사람들을 넉넉하게
일구어 주는
싱싱한 생명이다
깨끗한 정신이다
햇살 쏟아지는
영원한 금강이여

영동에 가서 먼저 양산 팔경과 깊이 만나야 했다. 골과 골을 따라 그 풍취에 취해 흐르면 영동의 가을은 온통 가로수 감으로 익어 있었다. 월유봉으로 올라 기암괴석 위로 치솟은 정자. 그 아래를 휘두르며 흐르는 물굽이. 그 정취에 홀려 서 있다가 낮에도 달빛이 감싼 듯 숲의 여운에 젖는다. 그 물길 이어서 강변으로 나와 금강을 따라 아래로 걸었다. 가을, 단풍도 지쳐 끝자락으로 치닫는 날. 물살은 가을에 취한 듯 소리 낮춰 누워있었다.

영동 시인 박명용의 시가 새겨진 바위와 만났다. 금강은 바위에 새겨져도 푸른 물소리를 냈다. 하늘을 안고 싱싱한 생명 깨끗한 정신으로 쏟아지며 영원한 삶을 노래했다. 금강의 생명은 역동적 힘을 펼친다. 이곳에서 강은 다시 순수한 울림으로 열렸다. 송호리 솔밭을 지나며 금강은 유순한 흐름으로 예향 영동의 풍모를 한껏 고조시킨다. 넉넉한 사람들의 생명이 쉼 쉬는, 영동에서 금강은 다시 한번 더 깊은 시심을 안고 흐른다.

물의 베개

박성우(1971~)

오지 않는 잠을 부르러 강가로 나가
물도 베개를 베고 잔다는 것을 안다

물이 베고 잠든 베갯머리에는
오종종 모인 마을이 수놓아져 있다

낮에는 그저 강물이나 흘려보내는
심드렁한 마을이었다가
수묵을 치는 어둠이 번지면 기꺼이
뒤척이는 강물의 베개가 되어주는 마을,

물이 베고 잠든 베갯머리에는
무너진 돌탑과 뿌리만 남은 당산나무와
새끼를 친 암소의 울음소리와
깜빡깜빡 잠을 놓치는 가로등과
물머리집 할머니의 불 꺼진 방이 있다

물이 새근새근 잠든 베갯머리에는
강물이 꾸는 꿈을 궁리하다 잠을 놓친 사내가
강가로 나가고 없는 빈집도 한 땀,

물의 베개에 수놓아져 있다

어둔 날 그대 쉬이 오지 않는 잠을 부르기 위해 금강에 나가본 적 있는지요. 금강 가 미루나무 아래 기대어 가지 사이로 별빛을 올려다본 적 있는지요. 그러다 강가를 서성이며 새벽을 맞이한 적은 있었는지요. 새벽안개를 헤치며 그대가 돌아올 때. 그때도 금강은 너무 평온한 모습으로 깊은 잠에 빠져 흐르고 있었지요. 고요한 금강은 어머니의 손길로 우리들 가슴을 쓰다듬고 흘러갔지요. 그 온기로 이 세상은 다시 새롭게 깨어나지요.

그러나 밤 되면 금강이 그대를 기다린다는 걸 알아야 해요. 어둠 속으로 그대 발걸음 소리 다가올 때 금강은 반가운 마음에 달떠 가슴 속으로 낮은 징소리 내며 흐르지요. 서툰 잠의 멧새 날개도 다스리고 물오리들 목도 따뜻하게 감싸주면서. 금강은 그대 기다리다가 그대 발소리에 더 깊이 깨어 흐른다는 걸 알아야 해요. 금강은 강가를 서성이는 그대 발걸음 소리로 자장가를 삼지요. 그래서 금강에는 그대의 숱한 불면이 빛으로 반짝이는 것이지요.

우화의 강

마종기(1939~)

사람이 사람을 만나 서로 좋아하면
두 사람 사이에 서로 물길이 튼다
한쪽이 슬퍼지면 친구도 가슴이 메이고
기뻐서 출렁이면 그 물살은 밝게 빛나서
친구의 웃음소리가 강물의 끝에서도 들린다

처음 열린 물길은 짧고 어색해서
서로 물을 보내고 자주 섞여야겠지만
한 세상 유장한 정성의 물길이 흔할 수야 없겠지
넘치지도 마르지도 않는 수려한 강물이 흔할 수야 없겠지
긴 말 전하지 않아도 미리 물살로 알아듣고
몇 해쯤 만나지 않아도 밤잠이 어렵지 않은 강
아무려면 큰 강이 아무 의미도 없이 흐르랴
세상에서 사람을 만나 오래 좋아하는 것이
죽고 사는 일처럼 쉽고 가벼울 수 있으랴

큰 강의 시작과 끝은 어차피 알 수 없는 일이지만
물결을 항상 맑게 고집하는 사람과 친하고 싶다
내 혼이 잠잘 때 그대가 나를 지켜 보아주고
그대를 생각할 때면 언제나 싱싱한 강물이 보이는
시원하고 고운 사람을 친하고 싶다

사람이 사람을 만나면 그들 사이로 눈길이 열리지요. 그 눈길 따라 시간이 흐르고 강도 이어지지요. 그렇게 사람들 사이로 어디든 강이 흐릅니다. 나는 너에게 달려가는 강. 너는 나에게 닿고 싶은 강. 그 강들이 모여 금강을 이룹니다. 그래서 오늘도 금강에 닿으려 이 세상 물길은 흘러옵니다. 금강은 그대의 사랑을 싣고 달려온 물살. 금강가 낮은 물굽이 패랭이 망초 명아주 들꽃의 소망을 안고. 강가 바위에 둥지 튼 물새 기다림도 녹아 흐르며.

오늘도 강둑에 토끼풀 꽃의 깨알 같은 웃음소리 쏟아집니다. 하늘의 구름을 떠 마시며 금강은 빛납니다. 아무러면 금강이 그렇게 의미도 없이 흐르겠어요? 어둠이 오나 아침이 열리나 금강은 언제나 큰 뜻으로 흐르지요. 오늘도 그 뜻을 이고 금강은 이 세상 중심으로 나아갑니다. 그러면 강 주변 마을 사람과 풀과 꽃들이 금강을 닮아갑니다. 사랑은 서로가 닮아가는 것. 그 사랑으로 이 세상은 항상 맑은 물결을 지키고자 합니다.

세월의 강물

장 슬로우

더 빨리 흐르라고 강물의 등을 떠밀지 마라

다친 달팽이를 보거든 도우려 들지 말아라.
그 스스로 궁지에서 벗어날 것이다.
당신의 도움으로 그를 화나게 하거나
상심하게 만들 것이다.

하늘의 여러 시렁 가운데서
제자리를 떠난 별을 보게 되거든
별에게 충고하고 싶더라도
그만한 이유가 있을 것이라고 생각하라.

더 빨리 흐르라고
강물의 등을 떠밀지 말아라.
강물은 나름대로 최선을 다하고 있는 것이다.

우리가 강을 향해 서서히 걸어가면 강은 우리에게 서서히 다가온다. 우리가 가슴을 열고 달려가면 강도 우리에게 달려와 안긴다. 세월이 흐르는 것을 보려거든 금강으로 가라. 거기 금강은 하늘의 뜻을 크게 담아 이어지거니. 유유히 흐르는 강의 숨결 따라 그대도 걸어보라. 비로소 그대의 발길도 강의 심장에 가 닿으리라. 우리의 삶이 때로 더디다 하여 강물의 흐름 탓하지 마라. 그의 등에는 더 큰 뜻의 시름이 숨 쉬고 있으니. 행여 그의 등에 무거운 소망도 올려놓지 마라.

모든 길에는 시름 앓는 달팽이 다친 걸음이 놓여 있더라도. 그의 궁지는 스스로 넘어설 산맥이다. 그대의 가벼운 손길이 그의 길을 몇십 곱 쉽게 나아가게 할지라도. 그대의 도움을 그의 어깨에 얹지 마라. 그는 다만 고요히 우러러 하늘의 별빛을 받아들인 것. 잠시라도 자리를 뜬 별도 눈여겨보지 말라. 언제나 강은 이 세상 중심. 모든 것의 호흡과 맥박이니. 그건 언제라도 쉬지 않고 이어지는 땅의 핏줄이다. 그러니 강의 길이 더디다 하여 그의 옷깃을 끌지 마라. 그건 수천 년이나 우리가 보아온 금강의 역사다.

금강

황명륜 (1948~)

어머님 젖줄을 물고
눈을 뜬 고향이다

소나기에도 튀지 않은
그 선비의 옷자락

그 가슴 가슴속으로
맥락을 이었나니

자넨 알지 않는가
강물이 흐르는 뜻

그 느린 보법을
익혀 배운 사람

세월도 가라앉힌

그 흐름의 자태.

금강의 흐름도 이렇게 전통 양식에 담기니 그 자태 참으로 곱다. 3장 6귀의 곱상한 품으로 저 너른 대지를 딛고. 그 단정한 보법으로 내닫는 물길 또한 참 유장하다. 작은 굽이 만나면 자진모리로 휘감는 강의 맥박. 그 가까이 고운 물의 살빛에 실리어 바람도 서늘옵다. 4음보 걸음의 계절로 잇는 안정감이 스텝을 밟는 금강. 그 물 위로 민족의 심장 살아 뛰고 호흡 또한 대차게 깊어진다. 금강 허리 곧게 펴니 반도를 지른다.

희 로 애 락. 삶의 생생한 율동으로 자물리는 품격. 그렇다. 때로는 금강도 휘황찬 바다 꿈꾸며 흐르는 눈빛이니. 첫 새벽 어머니 젖줄 물고 눈 뜨는 고향길이다. 선비의 도포 자락 펄럭이는 뱃전에 부서지던 물방울. 거기 부딪쳐도 선비의 옷자락엔 물이 배지 않는다. 소나기에도 튀지 않는다. 그 포름한 자태의 어머니 품 안으로. 금강은 솟아 고향의 처음을 열고 언제나 그 끝은 고향으로 닿는다.

매듭 속의 강

유종인(1968~)

강가 잔디밭에 앉아
뜨개질하는 여자가 있네
봄을 좀더 촘촘히 엮으려는 바느질처럼
겨울은
바늘에 머릿기름을 묻히듯
잔디밭 여기저기 연초록 코바늘 싹이
꽂히듯 솟아 있네

한 코 한 코 엮어가는 스웨트는
허공이
마음먹고 모여든 털실 앞에
제 빈 몸을 터줬기 때문이네

돌 속에 꽃을 뜨개질해 넣고 싶던
저 여자, 가슴 속의 남자를
짰다가 풀고 짰다가 풀길 수백 번

겨우 벙어리장갑 한 짝으로 다다른 늦겨울이네
풀리지 않는 일들을
격자무늬처럼 매듭짓다 보면
한 매듭 속에 들어왔다 나간 강물의
소용돌이는 차마 소중하고 아득하여
이 강물 저 강물 보이지 않게 손잡으며
만다라의 넉넉한 바다 옷 한 벌 짤 수 있을 것이네

눈물로 소금을 짠 여자의 한낮이
쉬 지워지지 않을 것 같은
그림자 옷을
겨우내 메마른 금잔디에게 떠 입히네

금강 가에는 언제나 봄이 오기를 기다리는 눈빛이 흐르고 있었지요. 어서 봄이 와서 강가 풀밭을 수놓으라고 촉촉촉 솟구치는 연초록 코바늘. 그 코바늘 싹들이 열심히 금강가를 비단실로 짜 올리고 있었지요. 그렇게, 그렇게 어서 대지에 왕성한 봄 신령이 지피라고. 그러던 차 지난봄은 너무 큰 시련이었어요. 강 건너 이쪽에서 강 건너 저쪽을 바라보며 서로 거리를 두고 견뎌야 했던 시간. 그렇게 올해의 금강 봄은 잃어버린 시간이었지 싶네요. 그래서 올봄부터 금강에는 언젠가 다가올 그대를 기다려 빈 배를 매두었어요.

이제 봄은 혼자 훌쩍 떠나고 성큼성큼 여름이 와 있는데. 아직도 금강 가에 그대가 올 조짐은 보이지 않습니다. 강 이쪽과 저쪽에 길게 늘어서서 서로 바라만 보는 미루나무. 오늘도 긴 목이 더 길어졌어요. 그래도 금강은 시련이 클수록 더 굳센 물살로 꿋꿋하지요. 그침 없이 멈추지 않고 흘러 끝내 오대양 육대주를 다 적시지요. 금강에 사는 여자는 오늘도 가슴 속의 남자를 짰다 풀고 짰다가 풀기를 수백 번이나 하지요. 그렇게 촘촘해지는 신하늬와 인진아의 사랑. 「금강」은 그렇게 그들의 사랑 속으로 흘러가요.

강물이 흐르며

최춘해(1932~)

먼저 가려고 다투지도 않고
처져 온다고 화도 안 낸다.
앞서간다고 뽐내지도 않고
뒤에 간다고 애탈 것도 없다.
탈 없이 먼 길을 가자면
서둘면 안 되는 걸 안다.

낯선 물이 끼어들면
싫다 않고 받아 준다.
패랭이꽃도 만나고
밤꽃 향기도 만난다.
새들의 노래가 꾀어도
한눈팔지 않고 간다.

금강은 흐르면서 서로 먼저 가려고 다투지 않습니다. 또 뒤에 더디게 온다고 버럭 소리 질러 화를 내지도 않습니다. 그런데 그렇게 말하기 쉬워도 그것처럼 하기란 쉽지 않습니다. 노장철학에 물의 속성을 일러 처약부쟁(處弱不爭)이라 했지요. 언제나 물은 앞서 낮은 곳으로 자리하며 서로 다투지 않아. 강이 서둘지 않고 묵묵히 길을 열며 나아가는 것이니. 바로 그 여유 속에 새로운 물길 더 크게 트이기 때문이지요. 이렇듯 금강은 참으로 지혜롭습니다.

그러니 물에게 배워야 하겠습니다. 강에서 배우라고 해야겠지요. 강은 굽이를 돌면 더 크게 감싸 안는 마음으로. 그러다가 낯선 물이 끼어들면 언제나 넉넉한 품을 내어 품어주지요. 주변에 피어나는 가지각색 자연들도 한껏 껴안지요. 그러나 패랭이꽃 향기와 물새들의 노래에 절대로 한눈팔지 않습니다. 오늘도 금강은 그렇게 일편단심 깊이 흐르며 모든 것을 시작하여 다시 열고 나아갑니다. 그러기에 금강이 남겨온 발자국은 모여 역사를 이루는 것입니다.

강물처럼

현경미

왜 강물인 줄 아니?
흐르기 때문이래

고여 있고만 싶다면
강물이 될 수 없는 거래

흐르고 흘러서
내게도 오고
네게도 가고
바다까지 가는 거래

거기엔 고래가 산다잖아
강에선 볼 수 없는
글쎄, 집채만 하대

너도 흘러 본 적 있니?

음… 음…

함께 웃고

도와주고

나눠 주고

이런 게 흐르는 거라면

흐른다는 것은 나를 허무는 일이야. 나를 넘어 그리고 너를 넘어 우리가 하나로 더 큰 세계로 나아가는 것이지. 그래서 비로소 우리가 하나 되어 세상을 함께 열어젖히는 일이지. 시냇물이 스스로를 비워내며 넘고 넘어 강이 되듯이. 다시 강은 제 안의 벽을 허물고 쉬지 않고 나아가 끝내 바다에 이르는 것이야. 왜냐하면 그곳에는 굉장히 큰 고래가 살고 있기 때문이야. 그 깊은 곳에서 고래는 신화처럼 숨을 쉰다지. 바다가 살아있는 것은 바로 그 고래가 살아서 숨을 쉬기 때문이라지.

움직이는 것만이 흐르는 건 아니야. 나를 비워서 더 큰 가슴 안에 꿈을 채워서 옆을 도와주고 나의 온기를 나눠주는 것. 그게 바로 흐르는 것이야. 그러니까 자꾸 서둘러서 가려고만 하지는 마라. 나도 흘러본 적이 있냐고. 그럼, 매일매일 내가 너를 생각하는 것은 내 마음이 너에게 흘러가는 것이지. 그러니까 너도 나를 생각하면 그건 나에게 흐르는 것이야. 그거면 족해. 그래서 내가 너를 생각하고, 또 네가 나를 생각하면 서로가 흘러 하나가 되는 곳.

그곳이 바로 금강이야. 그러니까 금강은 우리가 끝내 가닿아야 할 가장 큰 세상인 것이지.

강가에서

윤제림(1960~)

처음엔 이렇게 썼다

다 잊으니까 꽃도 핀다
다 잊으니까, 강물도 저렇게
천천히 흐른다

틀렸다, 이제 다시 쓴다

아무것도 못 잊으니까 꽃도 핀다
아무것도 못 잊으니까,
강물도 저렇게
시퍼렇게 흐른다.

금강에 오면 우리 일상의 분분함도 하나로 어울려 꽃으로 피어나지요. 그 곁으로 강물은 천천히 흘러가구요. 그렇듯 이 세상의 모든 일은 하나로 잇닿아 더 큰 세상을 만들며 움직여가는 것인데요. 처음에는 주변의 사물처럼 그 하나하나 각자의 방향을 따라서 출발하던 강물도. 그다음에는 그것들 사이 사이의 의미를 발견하게 되는 거지요. 그러니 때가 되어서 꽃이 피고 강물이 흘러가는 것이지만. 시인이 금강에 가 닿으면 시인과 그것들 사이에는 새로운 흐름이 열리게 되는 것이지요. 사람과 자연 사이에도 밀착된 시간이 마련되는 것이구요.

하여 시인에게 금강은 평온하여 이제 모든 것을 다 잊었다고. 그래서 꽃도 저리 피고, 또 강물도 저렇게 흘러간다고 처음에는 그렇게 쓰지요. 그런데 강을 돌아서다 내처 시인은 그것이 틀렸다는 것을 알게 되지요. 그리고 시인은 강물 위에 다시 쓰는 것이지요. 다 잊은 것이 아니라, 아무것도 못 잊었다고. 그래서 저기 저 강물도 시퍼렇게 흐르는 거라고. 그 옆에 꽃도 오똑하니 피어있는 것이라고. 그리고 그것들은 못 잊는 시인의 마음속으로 깊이 파고들어 와 시인의 마음도 거기에 함께 피어 시퍼렇게 흘러가는 중이라고.

책에서 강물소리를 듣다

문정영(1959~)

열 권의 책을 빌려 겨우 한 권을 읽고 잠드네.

한 권 속에는 강가에 내려가는 길이 있을 뿐, 강물이 햇살을 어떻게 녹이는지 고기들이 소용돌이를 왜 만드는지 알지 못하네.

잠 속에서 어제의 해가 죽어야 다른 해가 태어나는 것이라 누군가 흐르는 강물소리로 말하네.

배 한 척을 빌려 강을 건너나 강 너머에 무엇이 있는지 알 수 없네.

새벽에 한 권을 더 읽으려 페이지를 넘겼으나 물빛 행간을 건너뛸 수 없네.

행과 행 사이에 검은 획들이 떠 있네.

강보다 낮게 흐르는 신발은 없고 맨발이 걸어가고 있네.

열 권의 책을 다 읽고 강물 소리 듣는 눈동자는 없네.
겨우 읽은 한두 권의 책에서 물소리 들었다 하네.

천천히 흐르는 강물은 흘러가는 방향을 알리지 않네.

자연은 인류의 위대한 교실이요. 최고로 빛나는 교과서다. 그 무엇보다 고전 중의 고전이다. 하여 강을 읽는 시인이 여기 있다. 그는 책에서 강물 소리를 듣는다. 그는 겨우 한 권을 읽고 강가에 내려가는 길을 발견했을 뿐이라고. 강물을 녹이는 햇살과 소용돌이 만드는 고기에 대해서는 알지 못한다고 고백한다. 그만큼 금강은 깊고도 넓은 것이다. 그러나 모두에게 좋은 것은 욕심에 지나침이 없는 법. 책에 대한 욕심은 지나칠수록 좋은 것이다.

열 권의 책을 빌려 겨우 한 권의 책을 읽고 잠이 든다고 고백하는 시인. 그러나 그는 위대한 교과서에 접했기에 이미 절반은 성공한 셈. 그리고 한 권의 책을 읽어 강으로 가는 길 발견했으니 또 절반은 성공. 그러니 두 개의 절반 더하면 하나의 온전한 성공. 그렇다. 그는 이미 생의 모든 것을 완성한 셈. 그리고 나머지 책을 읽는 것은 덤인 셈이니. 생을 너무 과욕으로 몰고 가지 말아야겠다. 그것보다 참다운 하나의 위대함. 금강은 그것을 우리에게 일깨워 준다.

금강이 보이는 베란다

강병철(1956~)

모난 돌이 정 맞는다, 아들아
늙은 모친 밭은기침 피해
물수제비 띄우던 자갈밭
두근두근 박동으로
저무는 갈잎 흔들리는 소리
쨍그랑 쨍그랑
빛의 속도로 세월 가는 소리
흔들리는 억새꽃
뿌리털 깊숙이 내리며
그림자 서걱이는 소리
이제는 울지 않아요 어머니
개구리 심장 다독다독
아흔셋 노모 재울 때마다
돌 지난 아이처럼
쿵, 쿵, 쿵 방싯대는 소리

금강에 나서 금강을 보고 자란 아들이 있다. 그러니 금강이 그를 키운 셈. 그러니까 그의 몸속으로는 금강이 흐르고 있는 게지. 고로 그는 금강의 아들. 어느새 그를 낳은 어머니 나이 아흔셋. 어머니는 늙어 가셨어도 강은 지날수록 새로워지는 법. 어머니 이제 금강처럼 누워서 흐르고 있다. 그럴수록 어머니의 생은 흙에 더 가까워지고 있는 중. 한때는 온 우주 다 품고자 세상에 모난 돌로 살던 아들에게. 그러면 정 맞는다, 무겁게 타이르기도 하셨지.

세월이 흘러 이제 어머니 자리에 누우시고 아들은 중늙은이. 그래도 금강은 싱싱하게 흐르며 아들이 띄우는 물수제비 쨍그랑쨍그랑 받아낸다. 합창으로 울리던 개구리들의 떼창 소리도 사라지고 억새밭 청 갈대들 속삭임 잦아들 때쯤. 아흔셋의 노모를 손으로 다독여 재워드리는 아들의 손놀림. 이제 어머니 돌 지난 아이처럼 누워 지내신다. 어머니의 삶은 다시 금강으로 돌아가시는 시간 속 여행인 듯. 그래도 이제 아들은 절대 울지 않으려 한다.

강

구광본(1965~)

혼자서는 건널 수 없는 것
오랜 날이 지나서야 알았네
갈대가 눕고 다시 일어나는 세월
가을빛에 떠밀려 헤매기만 했네

한철 깃든 새들이 떠나고 나면
지는 해에도 쓸쓸해지기만 하고
얕은 물에도 휩싸이고 말아
혼자서는 건널 수 없는 것.

왜 그때 그것을 알지 못했을까. 금강은 함께 건너야 넘어설 수 있는 폭이라는 사실을. 강을 사이에 두고 너와 내가 서로 바라만 보고 있었을 때. 강은 먼저 마음속으로 스미어 오는 물길. 그제야 강은 금강으로 다가와 열린다고. 그리고 강은 우리가 한 방향에서 건너기 전에 그것은 금강이 아니라고. 그러니 나는 나대로 또 너는 너대로 수천 개의 강을 건너온 세월이었어도. 서로 강 위의 물길이 엇갈려. 우리 강을 사이에 두고 서로 바라보기만 해야 했을 뿐이다.

물속으로 잔잔히 밀리던 잔뿌리 세워 일어서던 갈대의 세월. 그 그림자에 기대어 우리는 알게 되었던 것이니. 우리 혼자서는 절대로 생의 강을 건널 수 없다는 것. 그렇게 우리는 다시 서로 멀어져 강으로 깊어져 가며. 그 사이 서로의 눈빛 멀어져가는 것이었으니. 강, 하고 외치면 천둥소리로 다가와 울리는 금강의 심장. 강, 하고 다시 소리치면 내 안에서 깊게 일어서는 금강의 붉은 심장. 그렇게 우리는 하루 하루 강을 건너는 것. 강을 건너가고 다시 건너오는 것.

강물

오봉옥(1961~)

강물이 그냥 강물이더냐
흐를 줄 알아야 강물이지
다 버리고 흐를 줄 알아 강물이지
그림자 하나 남기지 않고
남모르게 남모르게 흐를 줄 알아
강물이지

흐르지 않는 것들 다 와서 봐라
그 무엇 하나 버리지 않고
제 욕심만 챙기는
죽은 것들 다 와서 봐라
강물이 어찌 강물인가를

오늘도 강가에 찌꺼기들 떠 있고
강물은 또 쉬임없이 흐른다
나 같은 것들 다 와서 봐라.

흐른다. 고로 존재한다. 이는 강의 존재론적 명제일 것이다. 그러니 절대로 강을 막는다고 떼쓰면 안 될 것. 어느 한 도막이라도 강을 끊어버린다 말해도 안 될 것이다. 흐르는 것이야말로 강의 가장 소중한 사명. 그것이 이 세상의 이치를 세우는 법이다. 흐르지 않고 옆으로 새려 드는 것. 끼어들려고 하는 일들. 제 욕심으로 무엇 하나 버리지 못해 흐르지 못하는 벽들. 심장이 싸늘하게 굳어 있는 것들. 그러니 모두 금강에 와서 저 강이 어떻게 흐르며 물의 심성을 쌓아 가는지. 그 뒤에 어떻게 금강을 완성해 가는지 잘 보라.

강은 자신을 지우고 더 큰 뜻으로 채울 때 크게 흐를 수 있는 것이니. 강은 다 비우고서야 앞으로 흐른다. 진정 소리 내지 않고 남모르게 흐를 줄 아는 게 깊은 강이다. 흐르지 못하면 자정작용을 모르는 것이니. 강은 자신을 날카롭게 벼림으로써 더 큰 물길로 거듭나는 것이다. 나 같은 것들은 다 와서 보라고 그는 외친다. 코로나 19로 몸살을 앓다가 긴 장마 거친 홍수로 무너져 내린 강둑.

아, 강을 강이라 부르지 못하는 많은 수재민의 저 심정이
란.

강

허수경(1964~2018)

강은 꿈이었다
너무 먼 저편

탯줄은 강에 띄워 보내고
간간이 강풍에 진저리치며
나는 자랐다

내가 자라 강을 건너게 되었을 때
강 저편보다 더 먼 나를
건너온 쪽에 남겨두었다

어느 하구 모래톱에 묻힌 나의
배냇기억처럼

강은 언제나 꿈을 꾸는 자의 몫. 금강은 언제나 꿈꾸는 자의 가슴 한복판을 힘차게 가르며 흘러왔다. 그러므로 꿈은 늘 강 저편에 있는 것. 그리고 꿈 저편에는 늘 강이 흐르고 있다. 어느 날 그대의 최초 울음소리로 비롯하였던 강에 탯줄을 묻고. 그 강에 목마름 적시며 그대는 무럭무럭 자랐다. 그리고 그대는 끝내 그 강을 건너게 되었던 것이다. 금강은 건너는 자에게는 강이나 건너지 않는 자에게는 높은 벽이다. 금강은 언제나 건너는 자에게만 꿈을 내어주었다.

그동안 강을 건너 당신이 넘치는 힘으로 출렁대며 흘러온 시간은 얼마인가. 당신 잊었는지도 모른다. 당신이 강을 건너오며 강 저편에 당신을 먼 그대로 남겨두고 온 것이니. 강물이 밀리는 시간마다 마음 안으로 차오르는 파도. 어린 날 우리가 놀던 모래톱. 거기에 지었다 부숴버린 수천 개의 두꺼비집. 두껍아 두껍아. 헌 집 줄게 새집 다오. 그때면 마을마다 집집이 굴뚝에는 연기 피어오르고. 집을 나섰던 식구들 하나둘 돌아와 채워가던 집안의 온기. 그 따듯한 배냇기억처럼.

목계 가는 길

이하석(1948~)

폭우가 핥고 간 뒤 맑아진 강이
내 얼굴을 씻는다.
세수 후 문득 안개가 걷히고
채소밭과 건너편 사람들의 동네가 빛나며 나타난다.
무같이 속 피어난 돌들이
물속에서 돌아누우며,
무가 푸른 잎과 누런 흙 속에 흰 살을 숨기듯이
내게 얼굴을 내민다.
평창과 단양을 지나와
폭우와 번개의 길을 굴러온
돌들의 깊은 상처가
이제 겨우 내게 이르러 아물며 무늬진다.

섬진강의 안부가 궁금해 그리로 달려가 본다. 지난 홍수와 장마에 범람해 화계장터가 다 잠겼다고 했다. 그 옆의 낙동강으로도 뻗어가 본다. 그리고 물길 돌려 충주 남한강의 목계로도 올라가 본다. 이제 지난 폭우와 장마의 흔적 거의 잦아들고 어느 정도 정돈된 모습으로 강을 지키고 있다. 흙탕물과 산사태 폭우로 요동치던 계곡도 사라졌다. 이렇듯 여름 한 철의 폭우가 훑고 가서야 강은 맑아진다고. 그게 우리의 인생살이라고. 가파른 물길 부대끼며 굴러야 돌은 둥글어지는 법이라고 상처 속에서 배운다.

지루한 장마를 지나며 강은 더 깊어지는 법이거늘. 계곡으로 푸른 빛 더하고 깊이 파인 웅덩이에 물소리 몰려 우렁찼다. 폭우와 번개의 길을 구르며 바위는 더 깊은 상처를 껴안는 법. 그 곁에서 물은 한없이 맑아지는 것이다. 가을이 서늘해지는 이유는 모든 강물에 잠긴 돌들의 상처가 푸르게 빛나기 때문. 그것은 강물에 무수히 누워있는 돌들의 이마에 박힌 구름의 눈동자. 우리가 그것을 보고도 가슴 열어 보듬어 안지 않는다면, 평창과 단양을 쉬지 않고 무수히 강물이 흘러왔다 한들 그 무슨 소용 있으랴.

저녁 강

이관묵(1947~)

강가에 무릎 세우고 앉아
흘러가는 강물 무연히 바라본다
사는 일이 모두
흐름에 물들다 가는 일이라고
한 여울이 다른 여울을 세차게 껴안는다
흐름의 수심 깊이 가라앉은 무겁고 느린 生이 있지
다 왔다, 다 왔다 할머니 목소리를 내는
저 여울이
그리움으로 읽히기도 하고
쓸쓸함으로도 읽히는 세상을 빌려
띄엄띄엄 달맞이꽃이 피었다 지는구나
내가 끌고 다닌 길이여
어느 깊은 그늘에 이르러 미치게 뒤척이며
내 傷한 노래와
노래 곁에서 갑자기 몸이 뜨거워지는

우울한 저녁 하늘을

너는 또 어느 기억 속으로 이끄는 것이냐

저녁 강에 나가면 우리의 생이 다 보일 듯도 하다. 하루가 저물어 그 수심 뜬 그늘 빨아들이며 강물은 서서히 흘러가 거기 달맞이꽃도 띄엄띄엄 피었다 지리라. 그러니 자세히 보라. 강물은 흐르는 것이 아니다. 앞서 간 물살이 비운 그리움을 뒤의 물길이 이어가며 채울 뿐이니. 그리하여 한 여울이 다른 여울을 세차게 껴안는 것이다. 그건 무엇보다 더 큰 사랑이겠지. 금강은 그렇게 사랑으로 이어지며 더 큰 물의 사원을 이루는 것이다.

강가 버드나무 곁으로 다가가 찰진 흙가슴에 무릎을 꿇자. 이마 조아리며 조용히 귀를 기울이고 듣노라면 다 왔다, 다 왔다 할머니의 목소리 내는 여울이 괜찮다, 괜찮다며 나의 등을 토닥이고 있다. 고단한 하루도 깊게 익어가는 시간의 어깨를 풀고 강물을 따라 따라서 흘러간다. 금강은 그렇게 노을 물든 물빛을 건너 저녁에 이르러서야 화려하게 벙글어 달맞이꽃으로 깨어난다. 우리들 우울한 저녁 속으로도 금강은 두 어깨를 버팅겨 그늘진 기억을 밀며 간다. 그 힘은 금강의 참다운 빛으로 차오르고 있다.

강가에서

김원진(1960~)

유년의 모습들이
하얗게 일어서고 있었다.
산은
달을 감추고
길섶에 피인 꽃
자동차 불빛에 반사되어
퍼져 흩어지는
유년의 모습
모랫벌 한쪽 모퉁이
아이의 미소가
어둠을 타고
흘러가는 물줄기 사이로

우리들 강가에는 유년의 모습이 고스란히 살아 숨 쉬며 있다. 내 유년은 아직 금강 가에 머물며 잔잔한 강물 위로 무시로 물수제비 띄우고 있다. 퐁당퐁당퐁당. 물 위를 뛰어가는 조약돌이 밟고 가는 햇살 속으로 코스모스 피어나는 강둑을 따라 가을 금강은 그렇게 흐른다. 강물 속으로 낮달이 비치고 강둑 위를 달리는 아이들의 함성이 울린다. 그 강둑엔 달맞이꽃이 줄지어 지난밤의 어둠을 재우며 서 있다. 다시 그곳으로 걸어 가보면 모든 건 아직도 거기 있고 강물만 흘러갔을 뿐이다. 그리고 우리 기억의 한편이 허물어져 있는 것이다.

우리의 금강은 영원히 빛나는 강가를 간직하고 있어 그 강가로 가을이 몰려오고 있다. 강가 갈대밭에 서걱대는 갈대숲으로 저물녘에 나가면 강은 고요히 비운 길을 유년 속에 묻어 추억을 싣고 흘러온다. 노을이 지고 자동차 불빛이 길섶의 들꽃을 비출 때 옅은 어둠 속에서도 더 환히 드러나는 고향의 동구 밖. 우리들 강가에는 우리 유년의 모습이 모여 함께 숲을 이루며 그 미소 하얗게, 하얗게 살아나고 있다.

강

이재무(1958~)

아프고 괴로울 때 강으로 왔다
무엇이 간절히 그리울 때 강으로 왔다
기다림에 지쳤을 때 강으로 왔다
억울하고 서러울 때 강으로 왔다
미움이 가시지 않을 때 강으로 왔다
분노가 솟구칠 때 강으로 왔다
자랑으로 흥분이 고조될 때 강으로 왔다
마음이 사무칠 때 강으로 왔다
내가 나를 이길 수 없을 때 강으로 왔다
해마다 스승의 날이 오면
나는 꽃 한 송이 사 들고 강으로 왔다
강은 바다에 미치면 죽는다

강은 우리 괴로움과 그리움, 기다림과 억울함, 분노와 홍분, 사무침과 억눌림을 모두 감싸 안고 나서야 깊이 흐른다. 그제야 더 멀리 이어서 뻗어간다. 그간에 우리들 삶의 땀과 피로감 씻어내며 금강은 더 큰 강으로 거듭났다. 우리가 몹시도 괴롭고 그리워 보고 싶고, 억울하여 분노하고 홍분하며 사무쳐 스스로를 억누를 때. 금강은 진정으로 큰 하늘을 열고 우리를 부르며 달려와 뜨겁게 끌어안았다. 그러므로 우리는 모두 금강에 빚져 있고. 금강은 우리를 키운 참스승이다. 이윽고 물살 휩싸 안고 흘러가 큰 바다 물굽이 속으로 스미어 끝내 사라진다.

우리 생의 숨 가쁜 시간 거슬러 강을 찾아올 때가 어찌 그때뿐일까. 아프고 괴로운 때. 기쁘고 즐거운 때 그뿐일까. 금강은 백제의 사내 등줄기 타고 내린 땀방울 모여 쉬지 않고 흘러온 것. 그 사내 손등으로 닦던 큰 울음 휩싸 안고 깊은 바닷속으로 삼킨 뒤. 그 이후 세찬 파도 온 바다 흔들고 밀물 썰물 몰려와 갯벌에 피어난 소금꽃이니. 금강은 생의 쓴맛 신맛 단맛 모두 감싸주는 품. 금강은 우리를 키운 학교다. 금강 가에 가득 피어난 꽃은 스승의 함박웃음이다.

금강

임기원(1949~)

그리움이
달빛처럼 흐르는 강물
물안개 곱게 피는
갈대숲 강가엔
또 하나의 삶이
물새를 날게 한다
물가에 앉아
마음의 발을 담그면
하얀 메밀꽃 밭을 거닐 듯
영혼의 심성이 맑아진다.
자연의 약속된 강물아
늘 가난한 사람을 위해
멀리 하늘을 볼 수 있게 하고
내일의 삶을 노래하라

우리 민족 명산 중의 명산을 일러 금수강산이라 했지. 그리고 그것을 압축하여 금강이라 하고. 그것을 누군가 달리 비단강이라 부르기도 했지. 물길로 흐르며 비단 자락 매무새 그윽하게 휘감기는 금강. 그 옆에 산자락 굽이돌아 철마다 푸르러 푸르러가는 금산. 이렇게 중부의 금강과 금산은 자웅의 호흡으로 어우러지며 크게 하나가 되는 하늘과 땅. 음과 양의 조화로 새로운 풍상을 열고 맑은 영혼으로 한껏 피어난다.

금강은 중부의 젖줄이자 역사의 산 증인. 동학의 정신 담아 황산벌 달구던 전봉준. 동학 전쟁을 펼치며 흘러온 금강을 서사화한 신동엽의 서사시 「금강」이니. 그는 1894년부터 쉬지 않고 흘러오는 금강으로 동학의 정신을 펼쳐냈다. 그러니 우리도 그를 이어 금강을 노래해야 하겠다. 그것은 지나온 시간을 돌아보는 과거의 금강 아닌. 내일로 내일로 이어 흐르며 더 큰 미래로 나아가는 금강이다. 그러니 저 물굽이 더 힘껏 껴안아야 하겠다. 나아가 내일의 삶으로 노래해야 하겠지. 금강에 살어리랏다. 어 얼쑤. 금강에 살어리랏다. 얼쑤.

강

손종호(1949~)

강은 무엇이든 받아 준다.
깊은 손길로 오냐, 오냐, 토닥이며
외로운 기러기 떼 스며들면
물살은 더욱 잔잔해지고
흐름은 곧 생명이며
생명은 길을 이룬다.
강은 오직 하나일 뿐
금 간 달빛을 품에 안아도
다음 다음으로 빠르게 안겨 준다.
강은 언제나 거기 있고
거기에 없는 비밀이 이것이다.
정해진 발걸음에 몸을 맡긴 채
결코 뒤돌아보지 않는다.
그저 마른 풀잎 한 포기의 외로움
모로 기우는 금빛 비늘 하나까지도
묵묵히 추스르며 간다.

멀리 휘도는 길목마다
붐비는 황토 빛 목마름
언뜻 어머니의 치맛자락이 보인다.

이 세상에 모든 울분과 고통으로 점철된 자들이여 다 나에게 오라. 나는 강이니. 수천 년을 그침 없이 흘러온 금강이니. 이 세상의 모든 것들을 품고 다 녹여 내리라. 금강은 그렇게 강 자락 휘감아 언제든지 무엇이든지 받아 주었다. 그리하여 세파에 시든 것들도 온전히 생기를 찾고 살아나 새로운 길을 열어 달려간다. 금강의 물길은 더욱 잔잔해지고 그 속 흐름 안으로 콸, 콸, 콸 피 솟구치는 생명으로 길 열어 왔다.

강은 뒤돌아보지 않느니. 금강 가에 명아주 마른 풀잎 한 포기의 외로움조차도. 모로 기우는 금빛 비늘 하나까지도 묵묵히 추스르며 가는 것이다. 강은 오직 하나일 뿐. 금 간 달빛을 품에 안아도 고집하지 않고 다음 물길 위로 빠르게, 빠르게 품을 내어준다. 그래서 강은 언제나 거기 있고 그 끝자락에 언뜻언뜻 어머니 흰 치맛자락이 스친다. 그 치맛자락 쓸리는 곳마다 새로운 물길 더 크게 열리어 그 물길 따라서 마을은 번성해간다.

가을 강

전인순(1955~)

저고리 풀고
살 섞어
아들딸 낳고 살았다.

그 사이 몇 번
짐 보따리 쌌다
다시 풀다가,
이 생에서
남은 인연의 끈
나비베마저 잘라주고.

억새가 야윈 손 흔들어주는
뒷산머리 해 질 녘
흰 머리칼 풀어
바다로 가는
저 해혼解婚의 강

그대 삶이 갈피 잡지 못해 머뭇대며 휘청거릴 때 시간이 흐르는 강을 보라. 그대 발길 내디뎌 금강으로 달려가라. 강물 속으로 바삐 밀리는 물살의 숨결 가쁘고, 가을에 닿아 애써 시간이 흐른 것을 알려거든 금강 가 숲에 짙은 만산홍엽을 보라. 언제나 금강은 잠깐도 쉬지 않고 강을 흘러 시간의 바다에 닿아 파도로 거듭난다. 강은 그렇게 계절을 사철로 이어 새롭게 철이 들었다. 하여 금강 가 만산홍엽으로 그대 가슴도 물이 들 것이니. 그렇게 금강은 그대 가슴으로 흘러 그 빛으로 온몸에 스미는 줄 알라.

어느새 한 사내의 삶도 강산이 두 번이나 변하기에 이르러. 무르익은 금강도 가을 강에 와 닿았다. 그러니 그 사내 강을 만나 저고리 풀고 살 섞어 아들딸 낳고 잘 살았다. 새벽이면 새로운 강과 산이 맑은 울음으로 태어나 활력을 더하고 점점 더 깊어져 간다. 금수강산 빛나는 마을마다 점점 더 정으로 깊어간다. 하여 깊은 강은 멀리 흐른다고 했다. 금강도 이제 작은 물굽이 감싸던 억새가 야윈 손 흔들어주는 뒷산머리 해 질 녘이다. 이 생에서 남은 인연의 끈 나비베 마저 잘라주고. 흰 머리칼 풀어 바다로 가는 저 해혼解婚의 강이 되었다.

금강 하구

김명수(1949~)

갑자기 가슴이 넓어진다
몸의 흐름이 잠을 자듯 한다
바람도 여유가 있구나
드디어 하늘이 보이고
갈매기의 감칠맛 나는 비행이
햇살을 잘게 부순다
잔물결 틈으로 보이는
강과 바다의 해후
끝없는 포옹이 계속되고
비릿한 듯 짠 냄새인 듯
금강 하구의 야릇한 바람이
온몸을 휘감는다

물길도 흘러가 하구에 닿으면 한결 온순해지는 법. 결국 자기를 넘어서 모든 게 새롭게 열리는 것이다. 고진감래라고 했지. 시련을 딛고 도달한 하구에서 강은 또 하나의 자기를 발견하는 것. 세상 모든 이치가 다 그렇다. 하여 생의 이법을 깨닫고자 하거든 금강 하구로 가라. 거기에 갈 땐 어깨에 진 모든 것 내려놓고 가라. 어깨춤 덩실 더덩실 그곳에 닿으면. 그 즉시 그대 가슴은 한껏 넓어질 것이다. 드디어 그곳에서 맑게 트인 하늘을 볼 수 있기 때문이다.

거기에 닿아 좌우를 둘러볼 여유 생기거든 보라. 갈매기의 감칠 맛 나는 비행을. 갈매기들 날갯짓이 햇살 잘게 부수어 강에는 더 큰 평화가 흐른다. 그러나 강은 스스로 비워야 바다로 거듭나는 것. 강이 강을 고집하면 벽에 갇히고 마는 법이다. 하여 강과 바다가 만나는 뜨거운 포옹. 강이 끝나는 곳에서 다시 새롭게 더 큰 강은 열리는 것이다. 금강을 넘어 서해로. 서해를 넘어서 태평양으로. 강이 이루는 이 거대한 역사. 그러니 가을이 와서 온산 붉게 물든

저 낙엽 빛은 끝내 바다에 이르지 못한 나무들의 애절한 표현이다.

동강, 급류타기

강해림(1954~)

어느 세월의 음모가
저곳에
동굴 하나를 숨겨 놓았을까
고요의 경전을
포개놓은 듯 위태롭게 서 있는 절벽과 절벽 사이,
동강과 나 사이
순간
무중력의, 그 무구無垢한 사이의 등고선 밖으로
뒤집힐 듯 가볍게 들려지더니
길게 누운 뱀의 몸 속 미끄러지듯
내동댕이치고 간다
된꼬까리여울, 휘몰이의
서늘한 물굽이가 난타한 몸과 마음
찌꺼기가 모조리 빠져나가고
드디어 몸의 중심이 잡히기 시작했다.

동강의 가파른 여울에 휘둘리며 급류를 타는 사람들. 그 위험 무릅쓰고 물굽이로 뛰어드는 사람들 모두 강이 되려는 것이다. 우리가 한세상을 살며 삶의 관성과 가속에 휘말려 쓰러질 때가 어디 한두 번이던가. 그러나 중심을 향해 더 크게 내닫기 위해 우린 더 깊은 곳으로, 더 거센 물결 속으로 과감히 길을 터야 한다. 그리하여 생의 가장 중심부 위에 장렬하게 쓰러질 때, 드디어 우리 몸의 중심은 턱하니 잡히는 것이니. 두려워 말라 그대여.

그렇게 강의 험한 물길 통과한 그대들 모두 금강으로 오라. 동강의 물여울 휘몰아쳐 흐르는 것도 금강의 줄기 향해 달리는 것이니. 물은 물을 넘어서 역사가 되고, 언제나 강은 강을 넘어 더 큰 산맥 불러온다. 언제나 물은 강을 따라 물꽃으로 터지는 것이다. 우리 삶의 시간, 세월의 음모는 어디에도 있는 것. 절벽과 절벽 사이를 삼키고 등고선 밖으로 우뚝 치솟아, 몇 번의 굽이로 하늘과 땅이 뒤집히며 더 크게 열리는 개벽 세상. 여기 금강으로 오라.

강가에서

고정희(1948~1991)

할 말이 차츰 없어지고
다시는 편지도 쓸 수 없는 날이 왔습니다
유유히 내 생을 가로질러 흐르는
유년의 푸른 풀밭 강둑에 나와
물이 흐르는 쪽으로
오매불망 그대에게 주고 싶은 마음 한쪽 뚝 떼어
가거라, 가거라 실어 보내니
그 위에 홀연히 햇빛 부서지는 모습
그 위에 남서풍이 입맞춤하는 모습
바라보는 일로도 해 저물었습니다
불현듯 강 건너 빈 집에 불이 켜지고
사립에 그대 영혼 같은 노을이 걸리니
바위틈에 매어놓은 목란배 한 척
황혼을 따라
그대 사는 쪽으로 노를 저었습니다

모든 강가에는 그곳으로 흘러간 물의 마음들이 남긴 발자국 새겨져 있지요. 이어가는 물의 길을 따라 한정 없이 걷다 보면 언젠가는 돌아서야 할 지점이 도래하지요. 강의 하구. 그래서 문득 발길 되돌리면 어느새 해는 저물고 갈대밭으로 기다란 노을이 걸리어 있지요. 서걱거리는 갈대숲에 날아드는 새들의 군무를 따라 하늘 한 자락 갈라내어 가슴에 간직해야 하지요. 입동 지나 돌아오는 길은 언제나 서늘한 기운을 거느리고 왔지요.

강이 흐르는 것은 마음 한 자락이 그쪽으로 가닿는 것이라 하지요. 너무 멀어 말소리도 전하지 못하고, 물이 넓어 편지도 부칠 수 없으니. 오매불망 마음 한 자락만 떼어내 강물 위에 놓아주는 것이지요. 그대 아시나요. 금강을 따라서 빈집마다 불이 켜져 있는 것을. 그건 떠났던 그대 언젠가 돌아와 빈집에 닿는 날 그 허전함 지우라는 뜻이지요. 또 잊지 마세요. 새벽안개 속으로 노를 저어가는 목란배 한 척으로 금강은 언제나 차고도 넘친다는 것을.

부여 백마강에서

문상재(1954~)

가을햇살 눈이 부신 한낮
굴렁쇠 굴리며 강둑을 달리던 아이야
강물보다 빠른 계절이 황혼에 기울고 있구나.
모두가 떠난 빈 강둑에서
바람에 살을 말린 억새만이
어둠 속으로 강물을 비질하고 있다.
얼마나 많은 세월을 실어 보냈는가.
돌아오지 않는, 돌아올 수 없는 사연들이
밤하늘 별빛으로 박히고 오늘도 처연히 흐르는
백마강
마른 창가 기억의 회중전등으로 비추기엔
너무 멀리 와버린 천년의 땅 백제
수북정 아래 허름한 슬레이트 민물 매운탕 집
촌부의 너스레가 홍건한 강가에서 나는 왜
소정방의 낚싯대에 걸린 백제를 아파하는가
꽃잎 되어 산화한 삼천의 넋이 잠들지 못하는

회억의 구릉에서 침묵으로 흐르는 강물이여
세월은 가고 오는 것
굴렁쇠 굴리던 아이는 지금쯤 어딘가에서
어른 흉내에 익숙해지고, 어둠 내린
아득한 고향의 풀벌레 울음을 그리고 있겠지.

그 먼 날 아이들이 굴리던 그 많은 굴렁쇠들 다 어디로 달려갔는가. 제 키를 훌쩍 넘는 커다란 굴렁쇠 위에 지구를 싣고. 그 위에 다시 태양을 얹어두고. 지축을 울리며 달려가던 어린아이 맑디맑은 웃음소리. 그 아이 딛는 발길 따라 민들레꽃 피어나고 씀바귀 꽃잎도 노오란 하늘을 품었지. 강의 흐름을 유유히 이어 들녘으로 내닫던 아이 해맑은 눈동자. 그때 강은 또 하나의 거대한 굴렁쇠. 대지의 큰 축으로 시간을 밀며 돌던 굴렁쇠.

강이 굴리는 역사의 수레바퀴 또한 강둑 위로 구르던 아이 굴렁쇠 같아. 스르륵 스르륵 낮은 소리 내며 하루를 지나가고. 한 달. 한 계절. 그렇게 다시 또 한 해를 넘고. 아이들 밀고 가던 굴렁쇠 닮은 해도 둥글기 멈추지 않고. 백강에 지는 늦가을 노을에 마른 억새만 강물을 비질하고 있다. 뒤돌아 돌아보면 어느새 너무 멀리 와버린 시간. 백마강 낙화암 아래를 흐르고 흘러 또 한 번 잠기는 해. 부여 백강에서 백마강에서.

섬강에서

도한호(1939~)

섬강에 배를 띄우면
마음이 먼저 흐른다

바람도 흐르고
구름도 흐르고
갈대숲 너머 기웃거리는
낮달도 흐르는 듯

피이피이 부는 휘파람에
내 온갖 삶의 영욕이
해동처럼 풀려나고

바람 부는 선미에 앉아
나도 흐른다

섬강은 강원도 횡성과 평창의 경계에서 발원해 원주를 지나 남한강으로 흐르는 물길이다. 시인이 20대 초반 친구들과 몇이 찾아가 바지를 걷고 건넜다 비가 오고 물이 불자 배를 띄워 건너왔다고 한다. 우리는 때로 그렇게 강을 건너는 경험으로 생을 훌쩍 뛰어넘기도 하지. 또 그렇게 갑자기 홍수에 불어난 물에 맨몸으로 건널 수 없어 배를 타고 넘기도 하지. 물은 그렇게 수시로 상황을 바꾸어 우리를 길들인다. 그런고로 강은 우리에게 또 한 분의 어머니다.

그때 시인이 겪었던 추억은 그의 내면으로 흐르며 또 하나의 금강으로 생을 밀고 간다. 요즈음도 그 강은 시인의 내면으로 쉬지 않고 흘러 새로운 길을 펼친다. 언제라도 그 강에 배를 띄우면 시인의 마음이 먼저 움직인다. 바람 구름 낮달도 함께 풀리며 우리 인생도 강을 따라 내닫는다. 이 시는 그러한 산전수전을 건너 쓰인 까닭인지 분위기가 평온하기 이를 데 없다. 우리 가슴 속에도 차분하게 흐르며 새로운 금강으로 깨어나고 있다.

겨울강에서

정호승(1950~)

흔들리지 않는 갈대가 되리
겨울강 강언덕에 눈보라 몰아쳐도
눈보라에 으스스 내 몸이 쓰러져도
흔들리지 않는 갈대가 되리
새들은 날아가 돌아오지 않고
강물은 흘러가 흐느끼지 않아도
끝끝내 흔들리지 않는 갈대가 되어
쓰러지면 일어서는 갈대가 되어
청산이 소리치면 소리쳐 울리.

이제는 우리도 깊은 겨울강을 준비할 때. 저 강가에 서 있는 미루나무는 벌써 겨울강을 제 가슴 깊숙이 품고 있다. 강의 중심을 향해 섰던 미루나무도 서서히 기우는 해를 따라 이울어 가고 있다. 그때 이 세상의 모든 갈대들은 대지 위로 눕는다. 그들은 다시 일어서기 위해 더 깊이 기우는 것이다. 이슬이 맺혀 영롱한 햇빛을 반사하던 달개비는 모두 시들었고, 풀벌레들이 그 울음소리를 싣던 강아지풀도 떠난 뒤 한참 되었다. 그런 뒤에 이 세상은 가슴을 비운 것들만이 더 강하게 살아남는다는 것을 금강의 갈대는 일깨워준다. 그러니 그대도 갈대와 함께 저 차가운 대지에 오체투지로 서라.

그러나 그대는 언제라도 깨어 있어야 한다. 캄캄한 밤이 와도 그대의 동공을 절대로 닫지 말라. 금강에 당도하면 갈대들 불어오는 바람을 껴안고 기꺼이 눕느니. 그것은 더 큰 힘으로 일어서기 위한 예비동작이다. 그것은 누웠던 자만 더 큰 탄력으로 일어설 수 있다는 대지의 철학을 알기 때문이다. 그대도 금강에 닿으면 그것을 알 수 있을 것. 그러니 강의 진면목 겨울에 이르러 알 수 있는 것이다.

금강이여. 겨울 금강이여. 그대 따스한 가슴은 차가운 대지를 관통하며 더 깊어진다. 더 뜨거워진다. 그렇게 하여 어떤 강도 더 큰 금강으로 거듭 태어나 우뚝 일어선다.

강이 얼었다

손현숙(1959~)

저것은 겨울잠 짐승의 오체투지다
온몸으로 항복하는 백기다
끝에서 끝으로 풀어졌던 순간들의 결빙,
결빙의 긴 속도다

강이 얼었다
그 위에 또 온종일 눈 내렸다
체온을 잃어버린 백白의 뒷모습
저 덧난 빈칸을 무엇으로 채울까
지도에도 없는 땅, 크고 멀고 삼엄하다

함부로 들어설 수 없겠다
눈으로나 보면서 생각으로나 건너는
강 건너 불빛은 마음먹기 전의 마음
왼발 내밀어 발자국 찍었다

걷다가 그만 길이 끊어져
세상을 떠돌다, 떠돌다 생을 마쳐도
봐라, 눈 위를 걷는 걸음
침묵으로 고백하는 비백서飛白書다

이 세상의 겨울 강들 모두 얼어서 하나의 짐승으로 대지에 누었다. 그것은 저 너른 들녘으로 펼쳐지는 강의 오체투지. 세상의 뭇 강들은 태어나 몇 번이나 얼었다 녹았다를 반복하는 것일까. 그러나 강이 언다는 것은 절대 추위에 지는 것이 아니다. 그것은 강물 속의 물고기가 강물 밖으로 나오지 않게 보호하려는 것. 강물 위로 내리는 눈송이들이 더 오래 생을 머물게 받아내기 위한 것이다. 그리고 강둑 위로 줄지어 선 미루나무들 뿌리가 물 밖으로 새어 나오지 않게 하려는 것이다.

그러니 우리 금강은 한 번도 얼지 않았다. 입이 얼어 묵직한 침묵으로도 시간을 응시하지 않았다. 그렇게 금강은 언제라도 깨어 크게 외치는 물길. 금강은 언제라도 젊은 심장으로 고동치며 깊고 어두운 역사에 능동적 대응을 해왔다. 아무리 추운 겨울 와도 금강은 절대 얼지 않느니. 금강은 더 뜨겁게, 뜨겁게 차가운 대지를 데울 것이다. 그러다 금강은 딱 한 번 얼어붙을지 모른다. 그것은 그대가 금강 건너 저편으로 나아가야 할 때. 그때 금강은 앞서 뜨겁게 제 가슴을 열려 그대를 더 깊이 품에 안을 것이다.

겨울 강

박남철(1953~2014)

겨울 강에 나아가
허옇게 얼어붙은 강물 위에
돌 하나를 던져 본다
쩡 쩡 쩡 쩡 쩡
강물은
쩡, 쩡, 쩡,
돌을 튕기며, 쩡,
지가 무슨 바닥이나 된다는 듯이
쩡, 쩡, 쩡, 쩡, 쩡,
강물은, 쩡,
언젠가는 녹아 흐를 것들이, 쩡,
봄이 오면 녹아 흐를 것들이, 쩡, 쩡
아예 되기도 전에 다 녹아 흘러 버릴 것들이
쩡, 쩡, 쩡, 쩡, 쩡,
겨울 강가에 나가
허옇게 얼어붙은 강물 위에

얼어붙은 눈물을 핥으며
수도 없이 돌들을 던져 본다
이 추운 계절 다 지나서야 비로소 제
바닥에 닿을 돌들을.
쩡 쩡 쩡 쩡 쩡 쩡 쩡

겨울 강에서 몰려오는 눈발 온몸으로 맞서며 돌을 날리던 사내. 그 겨울 이따금 쩡쩡 소리를 내며 금이 가는 강 위로 묵묵히 쌓이던 눈발. 그러나 강이 소리를 낸다고 그게 곧 갈라져 가슴을 드러내는 건 아니지. 미끄러운 강 위로 다가오던 겨울의 막막한 공기를 뚫고. 사내의 주먹 안에 웅크려 있던 작은 돌멩이. 팽이를 돌리던 아이들 모두 호호 손 불며 돌아가고. 강가에는 가파른 어깨 움츠린 나무만 제 어깨에 흰 눈발 쌓고 있었지.

강은 얼음 밑으로 차가운 물살 일구며 서서히 안으로 조여드는 강 울음소리 받아먹고 있었다. 그때 금강도 쩡 쩡 쩡 수 없는 몸부림 안으로 잿이며 누군가의 소망처럼 번져갔지. 겨울 강의 결빙과 맞닥트린 돌들의 강렬한 튕겨짐. 금강은 작은 돌 하나하나 제 아린 가슴에 깊이 안아두었다가. 쩡 쩡 쩡 금간 울음도 함께 모아두었다가. 봄에 이르러야 서서히 제 바닥에 내려놓느니. 강바닥에 제 가슴 금간 울음을 쌓아두는 것이니. 그것으로 인해 금강이 해마다 낮아진다는 이유를 그대는 기억하라.

낙동강 하구에서

허만하(1932~)

바다에 이르러
강은 이름을 잃어버린다.
강과 바다 사이에서
흐름은 잠시 머뭇거린다.

그때 강은 슬프게도 아름다운
연한 초록빛 물이 된다.

물결 틈으로
잠시 모습을 비쳤다 사라지는
섭섭함 같은 빛깔.
적멸의 아름다움.

미지에 대한 두려움과
커다란 긍정 사이에서
서걱이는 갈숲에 떨어지는

가을 햇살처럼
강의 최후는
부드럽고 해맑고 침착하다.

두려워 말라, 흐름이여
너는 어머니 품에 돌아가리니
일곱 가지 슬픔의 어머니.

죽음을 매개로 한 조용한 전신轉身.
강은 바다의 일부가 되어
비로소 자기를 완성한다.

금강도 한해 흐르고 흘러 끝 날을 맞이했다. 오늘은 2020년의 마지막 날! 금강의 흐름이 있어 너와 나 또한 여기까지 달려왔지. 금강이 흐르지 않았다면 대체 우리 삶은 어디로 갔을까. 그렇게 우리 삶이 혼미할 때면 금강은 먼저 떨치고 일어나 첫 새벽을 열었다. 안개 자욱한 강으로 어둠과 함께 밀려 내려가던 시련. 그렇게 하여 코로나19로 열린 봄도 어느새 세찬 물살에 밀려 겨울 강으로 1년을 마감한다. 이제 내일은 2021년 1월 1일. 그러니 우리 금강도 새로운 강. 새로운 세상으로 열릴 것이다.

그러므로 이 세상의 모든 강이여 이제 강을 고집하지 말라. 강은 그 이름을 버릴 때 강을 넘어 바다에 닿을 수 있다. 우리가 그리던 금강의 미래는 언제나 태평양 아니었나. 그 파도 나아가 오대양 아니었나. 금강이 낙동강 찾아 하구에 닿았다. 그곳에 이 땅의 모든 강 이제까지 흘러온 물줄기 하나로 만났다. 강이 끝나는 곳에서 강은 다시 열리는 것이라고. 우리 되돌아 이전의 자기를 온전히 비우면. 강은 바다의 일부가 되어 비로소 자기를 완성한다. 내일은 2021년의 새해 첫날!

아침

배한봉(1962~)

흐르는 물은 쉬지 않는다
이제 막 바다에 닿는 강을 위해
먹빛 어둠 뒤에서
지구가 해를 밀어 올리고 있다
너의 앙다문 입술과 너의
발등에서 태어나는 시간과 사랑과 눈물이
가 닿는 세계도 그러할 것이다
오늘 하루치의 바람 잊지 않으려고
나뭇잎들이 음표를 던진다 새가 하늘을 찢는다
새카맣게 젖은 눈빛 꺾이던 골목에도
쿠렁쿠렁, 힘찬 강 열리고
푸른 햇빛 일어서는 소리 들린다
흐르는 물은 반드시 바다에 가 닿는다

새해 아침 금강이 가닿은 바다 한가운데서 솟구치는 태양. 그 붉디붉은 심장의 박동으로 새벽은 시작되었다. 금강이 세차게 밀고 온 어둠을 일거에 무너뜨리며 솟아오른 태양. 어제의 어제를 넘어 가파르게 일어서는 파도. 그 한가운데 가로지르며 새 아침이 열렸다. 이제 어제는 기꺼이 떠나가라. 그늘진 그제의 그림자도 모두 사라져라. 너와 나 악수와 만남을 멀리하고 거리두기 단절로 이어오던 시간. 마침내 우리 묵은 어제와도 과감히 결별하자.

숨 가쁜 어둠 몰려와도 금강을 나르는 물은 결코 멈추지 않는다. 머나먼 길 달려와 방금 첫 새벽 바다에 도착한 금강. 금강을 위해 먹빛 어둠 위로 지구는 큰 해를 번쩍 들어 올리고 있다. 새카맣게 젖은 눈빛 꺾이던 골목에도 쿠렁쿠렁, 힘찬 금강은 새 힘으로 열리고 있다. 날개를 털고 일어서며 푸른 햇빛 홰치는 소리 들린다. 언제나 금강을 잇는 물길은 반드시 바다에 가 닿느니. 그대는 금강에 더 원대한 꿈과 희망을 풀어라. 그러면 그대를 안고 가는 금강이 마침내 꿈과 소망으로 활짝 꽃피어날 것이다.

그때가 바로 금강이다

안용산(1956~)

깊이를 알 수 없이 흐르는
저 강물을 보아라

스스로 저물고 깨어나는
용강 깊이로 오르고 내린
산 그 언저리
온몸으로
솟아오르고 있다

저 개똥벌레 보아라
어두우면 어두울수록 더욱
뚜렷한 빛으로
만날 것이다

보는 것이 아니라
들어야 한다

하네

이제 잊지 못하리
서로 부르는
오늘처럼

눈을 감으면 언제나
그곳이 바로
금강이리라

금강의 깊이는 눈에 보이는 게 아니라네. 그것은 마음의 여울을 건너와 흐를수록 깊어지는 역사라네. 그 흐름의 첫자리 지나와 닿는 용강. 그곳에서 강의 씨앗은 스스로 저물고 깨어나며 산을 안고 온몸으로 솟아 흐르네. 어둠이 오면 띄엄띄엄 등불을 지고 오는 개똥벌레들. 그것은 어두울수록 환히 살아나던 빨랫돌 위의 어머니 고무신. 그 신비감처럼 뚜렷이 살아난다네. 그러니 그대 어둠이 와도 절대 길을 멈추거나 움츠리지 말게. 개똥벌레 불빛을 모아 천 리를 가는 금강이네.

만 사람의 마음을 읽으려거든 금강으로 오게. 우리는 진정으로 금강을 닮아 마음속 눈을 떠야 하는 법. 그러니 금강은 언제나 눈으로 보는 게 아니라 마음으로 들어야 한다. 밤새도록 어둠 속 자갈을 굴리며 가는 여울 하나로 모여. 천으로 만으로 이루는 넉넉한 강심. 자갈이 둥글어지는 시간 속 여울지는 물목에 아롱지는 꿈. 새벽이면 눈빛 초롱초롱 어린아이 태어나 첫울음 여는 곳. 보는 게 아니라 듣는 것으로 눈 감아도 언제나 더 크게 열리는. 바로 그곳이 금강이라네. 그때가 바로 금강이라네.

금강의 별

구재기(1950~)

넉넉한 흐름에
하늘빛을 모아야
별이 되는 것만이 아니다
지상에 내려
삼천리 곳곳에 맺히고 맺힌
피 끓는 함성이 되어 그 함성이
금강물 흐르듯 흐르고 흘러
아, 저기 저 울밑으로 우우우 몰려오는
거센 바람과 함께 천 년 만 년이 지나도록
쉬지 말고 멈추지 말고
치마폭에 서리고 서리다 보면
마침내 이루어 놓은 빛
찰나 찰나마다
똑바른 마음을 세우고 세워
일체 다른 생각을 낼 수가 없다
항상 깨어나 있는 아무것도 만들지 않고

찰나 찰나 오직 행하다 보면
금강의 별이 된다
금강 물결의 빛이 된다

금강에서 솟아나 사라져간 별들이 얼마나 많을까. 이 시는 서천 출신 시인이 서천 출신 여성 독립운동가 김인애 님께 바친 헌시다. 금강은 그렇게 수많은 사람을 낳고 시를 빚고 헌사를 남겼다. 그처럼 금강의 정신은 어둠을 넘어 새로운 빛을 찾아가는 힘찬 물길이다. 금강의 영혼은 연꽃과 같아 진흙 속의 시련을 견디며 하늘의 뜻을 이룩하는 힘이다. 금강의 마음은 그렇게 너른 들녘의 풀과 꽃과 나무 어울려 온통 향기로 차오르는 풀꽃 세상을 꿈꾼다.

그러니 금강에 나아가 그 물빛에 한 마음 기대어 보라. 강물 속으로 흐르는 또 하나의 울림에 깊이 젖어라. 그렇게 강의 중심으로 스며들면 넌지시 다가와 열리는 금강의 마음. 그 안에서 새 별은 무시로 떠오를 것이다. 그리하여 금강은 새 별을 안고 흐르며 금강 닮은 사람의 소망을 실어 나른다. 그 마음이 어울져 모이면 다시 금강의 새 별이 되어 떠오른다. 작은 물길 하나도 함께 해 금강의 새 꿈이 된다. 그 물결 힘으로 새 빛을 열어 천 리를 달려간다.

겨울강

오탁번(1943~)

겨울강 얼음 풀리며 토해내는 울음 가까이
잊혀진 기억 떠오르듯 갈대 잎 바람에 쏠리고
얼음 밑에 허리 숨긴 하양 나룻배 한 척이
꿈꾸는 겨울 홍천강 노을빛 아래 호젓하네

쥐불연기 마주보며 강촌에서 한참 달려와
겨울과 봄 사이 꿈길마냥 자욱져 있는
얼음장 깨지는 소리 들으며 강을 건너면
겨울나무 지피는 눈망울이 눈에 밟히네

갈대 잎 흔드는 바람 사람 사이로 봄기운 잃고
오대산 산 그리매 산 매미 날개 빛으로 흘러와
겨우내 얼음 속에 가는 눈썹 숨기고 잠든
아련한 추억이 버들개아지 따라 실눈을 뜨네

슬픔은 슬픔끼리 풀려 반짝이는 여울을 이루고

기쁨은 기쁨끼리 만나 출렁이는 물결이 되어
이제야 닻 올리며 추운 몸뚱아리 꿈틀대는
겨울강 해빙의 울음소리가 강마을을 흔드네

나룻배 한 척 겨울강에 꽁꽁 얼어 있는 모습은 강 마을 겨울 풍경의 압권이다. 강둑으로 몰려나온 아이들이 피워 올린 쥐불 연기가 들녘으로 번져가고 저물녘에 먼 마을에는 아이들 부르는 소리가 적막을 깨운다. 아이들이 검댕이 묻은 두 볼을 손바닥으로 쓸며 웃는다. 마른 갈대를 흔들고 지나가는 바람이 강 언덕을 빠져나갈 즈음 얼음장 깨지는 소리 들판으로 달려가 처박힌다. 누구였을까. 지난해 얼음장 깨지는 소리를 밟고 어둠 강을 건너간 한 사내.

우리 삶을 돌아보면 금강의 슬픔은 슬픔끼리 풀려 반짝이는 여울을 이루고 우리네 삶의 애환 속에도 금강의 기쁨은 기쁨끼리 만나 출렁이는 물결이 된다. 모든 일에는 끝이 있으니. 삼동의 추위도 몰려가고 봄기운 지피며 훈풍 일면 얼음장 속 버들개아지도 푸른 눈을 뜬다. 그 가지마다 봄을 퍼 올리는 물줄기. 그 기운 푸른 분수처럼 솟아올라 공중으로 흩어져 내린다. 그때 금강에는 붕어가 뛰고 장어 꼬리를 친다. 봄 신령 끼친 강 마을에 와르르 봄이 쏟아진다.

강

엄재국(1960~)

아버지의 신발을 신고 거리를 나선다
골목아 좁아져라
집들아 작아져라
지나는 강아지야 내 말 들어라

아버지의 신발을 신고
세상을 걸어보려 한 적이 있다
신발에 작은 발을 쓰윽 넣고
거리를 나서면
뒤꿈치 남은 자리 그 좁고 어두운 공간이
내가 건너야 할 강이었다

세상의 강이
건너기 위해 흐르는 건 아니었지만
나는 내가 건너야 할 그 강에
띄울 배를 여태 만들고 있었다

세살바기 아들이
벗어놓은 구두를 신고 거리를 나선다
작은 배 한 척 강기슭을
찌걱거리며 떠난다

물결이 배보다 한 발 먼저 닿는 강

나는 아버지로부터 이어져 나온 한줄기 작은 시냇물. 그 물줄기는 차츰 강으로 자라나 나루를 열고 포구를 펼치고. 어린 날 아버지 닮고 싶어 아버지 행세를 해보곤 했던 때 있다. 아버지의 구두를 신고 걸어보았던 적 있다. 내 말 듣지 않고 뜰에 웅크려 있던 강아지 힘껏 걷어찼던 기억도 있다. 그때 아버지 신발은 나를 싣고 큰 강을 힘차게 건너던 나룻배였다. 금강에 물이 불어도 그 넉넉한 품으로 나를 안고 질러가던 광대한 나의 우주였다.

어느 날 나에게 이어진 아들의 작은 강. 그새 세 살배기 아들은 내 구두를 신고 거리를 활보하기 시작한다. 이제 아들도 나를 활주로 삼아 나를 떠나는 연습한다. 이제 나는 아들을 떠나보내는 포구다. 출항하는 배가 고동을 울리자 언덕에 많은 사람들 손을 흔들고. 강가에 줄지어 선 갈대들도 쓸쓸히 바람에 흔들리며. 하늘의 구름도 강물에 제 목을 빠뜨린 채 한동안 머문다. 그래, 금강은 언제나 배보다 한 발 먼저 가닿는 영원한 고향이다.

강물이 되어

김영숙(1958~)

강이 흐릅니다
뒤도 없이 앞으로만
숙명을 끼고 강이 흐릅니다

긴 밤 뒤척이시던
어머니의 잔기침소리

그리움에 지구 반 바퀴를 돌아와
내 집 문 앞에 서성이다
어머니 나이같은 달빛과 함께
강이 되어 흐릅니다

세월은 그림자로 강을 품고
어릴 적 어머니 등에서 들었던
자장가를 부르며
쉬지 않고 흐르는 강

오늘 밤
유년의 오선지를 따라
나도 강물이 되어 흘러갑니다

시인은 지금 미국 시카고에 이민하여 살며 그곳에서 시카고문인협회를 이끌고 있다. 연전에는 회장의 역할을 맡기도 했다. 그곳에서도 열심히 시를 쓴다. 자고로 해외에 살면 그의 마음은 고향의 산천, 강을 따라 회구하는 법. 지구 반 바퀴를 돌아 저편에서 이곳으로 흘러온다. 금강은 그렇게 한국을 벗어나 해외까지 가닿는 물길이다. 2018년 8월 그곳에 가서 회원들과 함께했던 여행은 참으로 의미 깊었다. 미시간 호수의 크기와 한여름에도 선선했던 그 날씨의 신선함이라니.

'허클베리 핀의 모험'과 '톰 소여의 모험'의 창작 현장을 찾아 느꼈던 마크 트웨인의 정신세계와 고전의 깊이. 미시시피강의 유람선 위에서 강을 따라 달리며 회원들과 함께 한 순간의 기쁨은 지금도 금강 여울지는 물목의 떨림으로 다가온다. 그 강물 속에는 간밤 뒤척이며 내시던 어머니의 기침 소리. 달빛 타고 흐르는 강물의 시간은 긴 그림자로 강을 품고 있었다. 그렇게 시인이 어린 날 어머니 등에 업혀 듣던 자장가는 쉬지 않고 흐르는 금강 속으로 여울지고 있다.

금강

조남명(1951~)

비단 물결로 천 리를 휘감고
바람 숱한 세월 헤치며
한과 곡절을 머금고
격동과 투쟁의 역사 밀어내
굽이치며 휘돌아 서해로 흐른다

장수 뜬봉샘에서 발원해
모든 지류 품어 큰 줄기로 거듭난다
무주구천동 양산팔경을 안개 속에 빗고
대청댐 돌아 대전 삼천을 감싼다
공주와 부여 고도를 안으며
낙화암 절벽을 품은 채 흐른다

충청의 생명을 틔워 흐르는 이 젖줄
태고부터 조상이 정착해 살아온 강
날로 분지와 너른 평야를 새로이 낳아

삶의 터전 열어 백제문화 잉태시키고
풍요의 큰 숨결을 불어넣었다

자랑스레 우리 후손에 물려줄
순하고 순한 비단 강줄기
온화한 미소와 여유 온기를 품에 인 채
반드시 좋은 세상은 오고 있노라
오늘도 유유히 역사를 안고 힘차게 흘러간다

봄이 다가오는 듯. 대지가 들뜨고 있다. 곧 봄 신명이 지필 것이다. 매화 꽃망울이 제일 먼저 눈을 뜨고. 연이어 산수유 개나리 진달래 복사꽃 앵두꽃 지천으로 피어날 것이니. 이렇게 꽃 소식이 그리운 때도 없었다. 그래. 꽃들아 멈칫거리지 말고 눈 뜨거라. 묵은 꽃송이까지도 다 활짝 피우거라. 하여 우리들 거리를 두고라도 넉넉히 바라볼 터이니. 아니 눈을 감고서라도 간절히 바라볼 테니. 그리하여 꽃들이 다 지고 바람에 날려갈 즈음. 그 반갑잖은 코로나 19도 함께 싹 쓸어가거라. 싹 쓸어가 버려!

봄을 앞에 두었으니 이제 그 설렘을 안고 뜬봉샘으로 한번 거슬러 올라가 볼까. 그리하여 전북 장수군 수분리 신무산 강태동골 첫 새벽 솟아오른 물의 꿈을 다시 되새겨 볼까. 거기 눈을 뜨는 물의 씨앗, 강의 떡잎 속에 웅숭그리고 있을 사해四海의 움을 깨워 볼까. 싹틔워 볼까. 출렁여 볼까. 봄은 만물의 생명이 진동하는 때. 묵은 시간을 벗기고 싱싱한 시간으로 새롭게, 새롭게 차오르는 때. 언제나 그 첫 발자국에는 금강이 있다. 금강이 있어 새 봄이 열린다. 금강이 흘러 천지가 요동친다.

강물

오세영(1942~)

무작정
앞만 보고 가지 마라.
절벽에 막힌 강물은
뒤로 돌아 전진한다.

조급히
서두르지 마라.
폭포 속 격류도
소沼에선 쉴 줄 안다.

무심한 강물이 영원에 이른다.
텅 빈 마음이 충만에 이른다.

지혜를 구하려는 자 있거든 서둘러 금강으로 오라. 그대들 강으로 달려와 금강 앞에 무릎 꿇어 강물의 깊은 소리에 귀를 적시어라. 그대들 삶에 뜻을 둔 이들이여. 금강에 와 닿거든 강물에 손을 잠그고 물살이 일구며 가는 강 속의 따듯한 길을 따라서 가라. 우리 모두 금강에 닿으면 눈이 밝아지거니. 모든 사실이 한결 단순한 깨달음으로 열릴지니라. 그 화려한 진리의 꽃핌. 수없는 반복의 갈피 속으로 자맥질해온 숱한 시간이여. 바로 그 시간이 모여 오늘의 역사를 이룬 하늘의 참뜻이거늘.

강이 전해주는 이 크나큰 전언. 흐르기 위해서 그대는 다만 스스로를 비워라. 강은 흐르지 않는 것이니. 다만 앞서 간 물길이 비워놓은 그 빈자리를 채울 뿐이리. 그 지혜로 강은 이 세상의 혼돈을 곧게 바로 잡아 중심에 우뚝 서리니. 우리들 스스로의 길이 혼미할 때마다 강이 우리에게 보여주는 깨달음. '뒤로 돌아 전진', '무심한 영원', '텅 빈 충만', '폭포 속 격류'. 이는 곧 강이 일깨워주는 만고의 진리일진대. 그대도 어서 마음을 비워라. 그리하면 이 세상 속으로 더 힘차게 달려갈 수 있으리니.

강물

천상병(1930~1993)

강물이 모두 바다로 흐르는 그 까닭은
언덕에 서서
내가
온종일 울었다는 그 까닭만은 아니다

밤새
언덕에 서서
해바라기처럼 그리움에 피던
그 까닭만은 아니다

언덕에 서서
내가
짐승처럼 서러움에 울고 있는 그 까닭은
강물이 모두 바다로만 흐르는 그 까닭만은 아니
다

강을 노래한 자 그대는 어디로 갔느뇨. 강물을 따라 흐른 자들은 모두 어디로 가 있느뇨. 강물에 대고 물어도 강물은 대답이 없도다. 강물은 그저 흐를 뿐이니. 그대가 울든지 내가 웃든지 강물은 지성을 다해서 흐를 뿐이다. 강물이 흐르는 것도 내가 우는 것과 관계가 없고. 내가 우는 것도 강물이 흐르는 것과 무관하다. 그래서 나는 울고 강물은 흐르고. 그러나 좀더 멀리서 바라보자. 한 사람이 울고 있고 하나의 강물이 흐르고 있으니. 그래도 저 멀리서 그것을 내려다보고 있는 하늘이 있으니.

그렇게 금강은 오늘도 여전히 흐르고 있다. 강바닥을 훑고 지나는 세월의 혹독한 시련을 다독이며. 내려와 안기는 구름을 안고 오늘도 금강은 흘러 흘러서 저 너른 들녘을 다 채운다. 어제도 강둑에 서서 온종일 울었던 그대여. 내일도 짐승처럼 울고 있을 그대여. 그대 울음은 울음으로 가득 차는 것이니. 강물이 시련을 넘어서 흘러가는 방향으로 조용히 걸어가면 그만이다. 밤이면 그 언덕에 별빛 쏟아지고. 아침 안개 지피는 풍경 속으로 그대의 울음도 해바라기처럼 피어나 금강을 따라 고요히 흘러가리니.

강가에 산다

진영대(1959 ~)

눈이 오는 날 아버지를 따라서
소 팔러 갔습니다
수루배 강둑길로 갔습니다
새끼 한번 낳아보지 못한 돌소,
쟁기질하러 가는 줄 아는지
다니던 길이라고 앞장서서 갑니다
대평장 소전머리에서
고삐를 낚아 채이고
겨우겨우 굴레를 벗겨왔습니다
길 끊길라, 어서 가거라, 양 끝에
놋쇠방울이 달려 있는 굴레를 건네주고
투전판에 눌러앉은 아버지는
그날 돌아오지 않았습니다
눈이 내리고 있었습니다
십 리 강둑길 눈길에 넘어질까 하여
소 발자국을 밟으며 되짚어오는데

워낭소리도 따라왔습니다

강은 이 세상으로 난 최초의 길. 어둠을 뚫고 흘러간 물의 첫 길이지요. 그 강을 따라 또 하나의 길이 났지요. 그건 강을 안고 따라가는 둑. 그 둑길을 따라서 옛사람들 장으로 가고 왔지요. 그래서 강둑으로 걸어갔던 소의 울음과 그 소를 팔고 돌아오며 흘린 사내들의 눈물이 더해져 금강은 아직 저리도 푸르게 뻗쳐있는 것이지요. 시인에게도 오래전 강을 따라 쌓아온 시간이 있었지요. 그의 생은 낮은 곳, 그늘진 곳, 구석진 곳에서 출발하고 있지요. 가족사로 펼쳐진 그의 삶은 어머니와 아버지, 그리고 할머니의 강으로 닿아 흐르고 있지요.

그의 유년으로는 금강을 따라 흘러온 가난과 고통, 상처, 이별, 상실, 소외, 절망, 떠남, 투병, 단절, 부패, 죽음 등으로 이어졌구요. 그래서 그의 생은 일편 어둡게 다가오기도 하지요. 그러나 그의 생을 읽다 보면 어느새 우리는 끝내 인내, 극복 의지, 생의 온기와 의지, 재생과 부활에 가닿아요. 그의 삶이 피워낸 향기로 금강이 일깨운 생명에 가 닿아요. 그 힘으로 우리 어둠과 고난을 박차고 가파른 바지랑대 타고 오르며 마침내 희망찬 나팔 소리 힘차게 불어 올리지요. 그렇게 그것은 바로 우리 곁에 살아 있는 금강의 정신이지요.

홍산천

공광규(1960~)

금강 지류 홍산천 옆에는
평당 6만8천 원만 주면 팔고 싶은
우리 논 사백 평이 있고

홍산천 옆 우리 논과
홍산천을 바라보는 우리 집 사이에는
동네를 들고나는 농로가 있어

시멘트 포장된 농로를 가끔씩
농업정책에 불만이 많은 마을사람들을 대신해
툴 툴 툴 툴 경운기가 지나는데

어떤 때는 트랙터도 지나고
명절에는 외지로 나가 사는 아들딸들이
잘생긴 승용차를 몰고 오고가기도 하고

금강 지류 홍산천 옆. 금강이 잘 내려다보이는 우리 집. 땅 투기가 전국을 들썩이게 하고 있는 즈음. 겨우 6만8천원만 주면 얼렁 팔고 싶은 우리 땅 4백 평. 한때는 애지중지하며 우리 집의 재산 목록 1위나 하던 것. 이제는 애물단지 되어도 단단히 된 듯. 그 논과 우리 집 사이에 농로가 나 있고. 사람들 철새 따라 훌훌 떠나 텅 빈 마을에 늙은이만 네댓 머무는지 모른다. 그 포장된 길로 가끔 툴툴거리며 마을 사람 대신해 경운기가 지나고. 어떤 땐 트랙터. 명절에야 외지로 나간 아들딸들 새 차를 뽑아 번쩍번쩍 타고 오기도 하는가.

강과 마을과 논밭. 그건 우리 조상 대대로 함께해 온 삼부작 아닌가. 그 앙상블이 아니던가. 그렇게 금강을 어우르는 주변의 삶도 이제 쇠퇴한 듯. 마을마다 기운이 빠지고. 강도 덩달아 맥이 빠졌다. 4대강 보를 막더니 이제는 부수느니 마느니 머리띠 두르며 난리통속. 세계의 문명은 강으로부터 출발한 게 아닌가. 우리 근대화도 강에서 시작된 것이 아니던가. 강을 거스른 자 강으로 망할지 모른다. 강은 대지의 핏줄이니. 그 핏줄 자르고 막으면 당연히 우리 몸은 곪아 터지게 된다는 이법. 이제 다시 저 금강으로 깨우쳐야 할 것이다.

아내의 애인

홍사성(1951~)

처음에는 장동건이었다
그러다가 배용준을 좋아하더니
다음에는 이병헌 그다음은 장혁이라 했다

한때는 장사익만 듣다가
언제부터는 민우혁으로 바꾸더니
요즘은 아예 밤낮으로 임영웅만 찾는다

그 사이 옛날 남자는
어느덧 애인 자리에서 밀려나
찬밥을 넘어 쉰밥 신세

사랑은 강물처럼 흘러가는 것
변하고 변하다가 추억으로만 남는 것
그 말, 씹을수록 쓰다

어디 사랑만 강물처럼 흘러가겠는가고. 하루하루 이어가는 시간 속에서 우리가 만나는 모든 것들. 눈 깜짝할 사이에 저만큼 흘러가 있겠다고. 꽃이 피었다, 하고 다가가면 벌써 그 꽃은 저 산을 넘어가 다른 마을에서 피고 있을 것이라고. 잠시만 한눈을 팔다 보면 우리의 유행이나 트랜드는 다 바뀌고 마는 것이라고. 시인은 짐짓 너스레를 떨고도 있는 것이겠지만. 세상은 변하고 변해서 이미 장혁이 아니라. 임영웅이 아니라. 또 다른 아이돌의 출현을 목도하고 있을지 모른다고.

사랑은 강물처럼 흘러가는 것? 아니다. 그렇지 않다. 강물은 그렇게 쉽게 흘러가는 것이 아니다. 금강은 그렇게 쉽게는 변하지 않는다. 사랑은 흘러가 다시 돌아오지 않을지 몰라도. 강물은 다시 돌아와 그 자리를 채우며 새롭게 새롭게 흐르는 것. 아니, 여기 남기 위해 흘러가는 것이다. 다시 돌아오기 위하여 떠나가는 것이다. 그것이 바로 금강이다. 그래서 봄이 오면 다시 산천에 꽃 피어나고 초목들 우거져 짓무르고 상처 난 곳마다 푸르게 기우며 날로 짙푸르러가는 것이다.

천래강에서

양문규(1960~)

천래강에서 한 여자와 눈 맞춘다

강물은 봄날같이
지나는 바람 소리에도
나무 타고 올라
꽃을 피운다

홀로 걷고 있을 때는
보이지 않던
강 건너 산자락
언제 마을이 들어섰는가
물방망이 소리
골목으로 튕긴다

나는 그녀와

사람 없는 집들이 즐비한
허물어진 돌담 골목을 벗어나
강 건너 마을로 간다

끼니때가 되면 아궁이에
어김없이 밥 끓이고
쇠죽 끓이는
생솔가지 검붉게 탄다

강물 위로는
청둥오리 떼가
차디찬 물 낯바닥에
낮게 깔리는
달빛을 타고
적멸보궁에 든다

그녀와 나는 오랫동안 마을에 머물고 있다

인류의 역사는 강에서 시작된 것. 세계의 역사는 강에서 눈 맞춘 남녀의 만남으로 구축돼온 것. 금강에 가면 그 심원한 흐름 속에 그것을 본다. 우리들 누구도 가슴 속에는 깊은 강 하나씩 흐르고 있지. 그 강은 가장 깨끗한 맨 가슴으로 흐르는 것. 시인도 어느새 천래강에 한 여자와 눈 맞추었다. 그 여자 강처럼 순하고 검은 머리칼로 빛난다. 금강은 그녀의 머리칼 풀어헤쳐 천 리를 흘러간다. 그녀와 함께하면 홀로일 때 안 보이던 강 마을도 보인다. 물방망이 소리 골짜기를 깨우며 강 위로 번져간다.

그녀와 사내 강 건너 집을 짓고 살림을 연다. 사내와 그녀 일가 이루고 대를 이어 강 마을에 뿌리를 묻었다. 강은 사내와 처녀가 눈 맞추어 하나로 흐르는 곳. 저녁이면 생솔가지 타는 연기 날리고. 그때 흐르던 강 잠시 숨을 고이며 그들이 나누는 밀어에 귀 기울인다. 그 속 깊은 시간으로 강은 더 넓은 폭을 펼친다. 금강에 가보라. 금강가 신동엽이 동학을 넘어 신하늬와 인진아의 사랑으로 흐르는 것. 그렇게 금강은 민족의 혼을 담아 흐르는 대서사시. 그 사랑으로 진아는 건강한 아기 하뉘를 낳았다.

입덧

박송이(1981~)

이 세상은 입덧의 쓴물로 피어나고 태어나고 산란한다

해동하는 몸, 봄이라 부를까

금강 변에 엎드려 헛구역질을 한다
빈속을 게워 내다
땅에 고개를 묻는다

나와 마음이 강둑에 처박혀 나란히 울던 나날들
삶을 부정하는 독서법을 배우면서

나는 단 한 번도 땅을 품어 본 적 없었다

봄이 올 때마다 기쁘지 않았다
해마다 죽은 척

내 몸은 피어오르지 않아서

나는 단 한 번도 강물과 하늘을
내 것이라 여겨 본 적 없었다

금강 변에 엎드려 헛구역질을 한다
빈속인 줄 알았는데
사방 푸른 토사물들

저 먼 데 구름이 부드러운 배냇저고리로 펄럭이
고
이 생의 첫 바람인 듯
첫해를 쐬고 있는 싹들이
옹알옹알하는 이 봄

나는 봄이 하자는 대로

아랫배에 두 손을 감싸 얹고
맨 바람이 가자는 데로
나의 발끝은 사분사분 순해지고

결합과 분열과 소멸과 확장이라는 말은
이제 나로부터의 사건이다

나는 봄을 낳아야겠다

금강을 따라 흐르는 신하늬와 인진아의 사랑으로 봄이 솟았다. 새 생명을 잉태한 한 여인의 구토로 대지엔 푸른 물이 번진다. 그렇게 강 마을에는 봄이 오는 줄. 봄에 순응할 때 대지와 여인은 하나가 된다. 그때 금강은 깊은 생명의 호흡과 맥박으로 황토를 안고 깊은 호흡으로 흐르는 것이다. 드디어 신하늬 인진아의 사랑이 아기 하늬를 낳았으니. 그것은 금강이 더 큰 서사시로 거듭나는 순간이다. 하여 금강의 여인들은 오늘도 무거운 입덧을 한다. 껍데기는 가고 알맹이만 오라고. 빈 껍데기 벗고 새 알맹이 품으려고.

이 봄도 시인은 금강 변에 엎드려 헛구역질을 쏟는다. 그의 빈속인 줄 알았는데 사방으로 푸른 토사물이 번지고. 저 먼 데 구름이 부드러운 배냇저고리로 펄럭인다. 생의 첫 바람인 듯 첫해를 쐬고 있는 싹들이 봄을 옹알 옹알이한다. 시인은 봄이 하자는 대로 아랫배에 두 손을 감싸 얹고 맨 바람이 가자는 데로 간다. 찰진 흙 가슴을 밟는 발끝은 사분사분 순하기만 하다. 세상의 결합과 분열 소멸과 확장은 이제 여인으로부터의 시작이다. 그 순간 여인은 새로이 각오를 품는다. 나는 끝내 봄을 낳고야 말겠구나!

강은 가르지 않고, 막지 않는다

신경림(1936~)

강은 가르지 않는다.
사람과 사람을 가르지 않고
마을과 마을을 가르지 않는다.
제 몸 위에 작은 나무토막이며
쪽배를 띄워 서로 뒤섞이게 하고,
도움을 주고 시련을 주면서
다른 마음 다른 말을 가지고도
어울려 사는 법을 가르친다.
건너 마을을 남의 나라
남의 땅이라고 생각하게
버려두지 않는다.
한 물을 마시고 한 물 속에 뒹굴며
이웃으로 살게 한다.

강은 막지 않는다.
건너서 이웃 땅으로 가는 사람

오는 사람을 막지 않는다.
짐짓 몸을 낮추어 쉽게 건너게도 하고,
몸 위로 높이 철길이며 다리를 놓아,
꿈 많은 사람의 앞길을 기려도 준다.
그래서 제가 사는 땅이 좁다는 사람은
기차를 타고 멀리 가서 꿈을 이루고,
척박한 땅밖에 가지지 못한 사람은
강 건너에 농막을 짓고 오가며
농사를 짓다가, 아예
농막을 초가로 바꾸고
다시 기와집으로 바꾸어,
새 터전으로 눌러앉기도 한다.

강은 뿌리치지 않는다.
전쟁과 분단으로
오랫동안 흩어져 있던 제 고장 사람들이

뒤늦게 찾아와 바라보는
아픔과 회한의 눈물 젖은 눈길을
거부하지 않는다.
제 조상들이 쌓은 성이며 저자를
폐허로 버려둔 채
탕아처럼 떠돌다 돌아온
메마른 그 손길을 따듯이 잡아 준다.
조상들이 더 많은 것을 배우기 위하여
더 좋은 세상을 만들기 위하여
수없이 건너가고 건너온
이 강을 잊지 말란다.

강은 열어 준다, 대륙으로
세계로 가는 길을,
분단과 전쟁이 만든 상처를
제 몸으로 말끔히 씻어내면서.

강은 보여준다,
평화롭게 사는 것의 아름다움을,
어두웠던 지난 날들을
제 몸속에 깊이 묻으면서.

강은 가르지 않고, 막지 않는다.

강의 마음을 이렇듯 선명히 정리할 수 있을까요. 금강의 살아 있는 정신을 이다지도 간명하게 요약할 수 있을 지요. 그래요. 강은 결코 편을 가르지 않아요. 금강은 절대로 막아서지도 않지요. 그리고 강은 절대 무엇 하나도 뿌리치지 않아요. 금강은 언제라도 우리에게 모든 걸 다 열어주어요. 우리가 나아갈 대륙으로, 세계로 달려갈 길을 활짝 펼쳐주어요. 그렇게 금강은 무엇이라도 가르지 않지요. 막지도 않는다고요. 누가 있어 금강의 영혼을 이렇게 압축해 다 보여줄 수 있겠어요. 금강의 생생한 울림을 담아낼 수 있겠어요.

그 마음으로 우리 봄이 오면 금강은 들길을 불러 강물에 닿게 하네요. 그 길을 따라서 강의 마음이 마을로 달려가 이어지면 집집이 흥겨운 웃음소리 넘쳐나요. 그 정신으로 꽃이 피면 산자락도 달려와 강물에 발 담그게 하지요. 뻐꾹새 소리가 백두대간을 일깨우지요. 그 힘찬 숨결을 금강의 심장에 깊이 불어넣지요. 그 긴 호흡으로 천리를 달리는 금강이어요. 그 맥박으로 서해를 박차고 나아가 오대양으로 내닫는 물길 열리지요. 그러니 부디 잊지 말아요. 강을 따라 피어나는 작은 풀꽃의 마음이 바로 금강의 정신이라는 걸요.

금강

이은봉(1953~)

금강은 새싹의 마음을 갖고 있다
초록초록 예쁜 소리를 내며 흐른다
제 몸 가득 어린 생명을 키우면서도
착한 낯빛으로 느리게 웃는 금강
가을이 오고 겨울이 오더라도
금강의 낯빛은 늘 상기되어 있다
입술 살짝 깨물고 있는 금강
눈 감고 있어도 사방이 밝고 환하다
자꾸만 부풀어 오르는 제 가슴속
온갖 꿈 키우고 있는 금강
오늘도 별별 풀꽃들 끌어안고 있다
붕어, 꺽지, 모래무지, 송사리 따위까지
겨드랑이 속 깊이 껴안고 있다
길 따라 오가는 사람들 지친 마음
따듯하게 추켜올려주는 금강
그녀의 내일은 사랑이다 평화다

금강은 누구한테나 따듯한 쌀밥 한 상
정성껏 차려주는 이웃집 새댁이다
그녀의 맑은 목소리 초록초록 새롭다.

초록초록 예쁜 소리. 강에서 새싹을 듣는 시인의 눈이라니. 그건 바로 시인이 새싹의 마음을 가졌기 때문이다. 하여 금강은 초록초록 눈뜨고 초록초록 열린다. 초록초록 펼치고 초록초록 맺힌다. 초록초록 솟는 건 언제나 금강의 속마음. 금강은 초록 생명의 힘줄이다. 금강은 새싹의 믿음이라 쓰니. 가을 겨울 넘어 언제나 봄으로 내딛는 강이라 점찍는다. 금강에 가면 우리들 마음도 어둠을 밀어내고 꿈으로 솟구친다. 금강 하늘에 모든 별들 받아 안으면. 온 땅의 풀꽃 더 깊게 꽃 문을 연다.

금강의 마음에는 뭇 생명이 뭉쳐 하나의 꿈으로 흐른다. 붕어 꺽지 모래무지 송사리 초록초록 숨 쉰다. 하나의 꿈 안에 초록초록 눈 뜬다. 하여 오가는 사람들 지친 마음도 강을 따라 사랑과 평화로 넘쳐난다. 금강은 언제나 착한 낯빛으로 느리게 웃느니. 느리게 웃어도 더 멀리 가 닿는다. 금강은 오늘도 새길 가르고 달려나가 내일로 펼치느니. 그렇게. 그렇게. 금강은 누구한테나 따듯한 쌀밥 한 상. 그렇게. 그렇게. 금강은 언제나 누구에게라도 스미어 가슴 따끈한 찰진 쌀밥 한 상.

생각의 비늘

황은경(1967~)

새벽 강을 걸어보라
시원하고 청량한 매력에 빠질 것이다
안개는 강가의 수호신
물길이 할 일을 알려준다

바닥부터 물 위까지
흐르는 것은 건지고
널려진 것은 모으고

죽은 것은 살리고
살아 있는 것은 먹이고
쌓이는 시간을 맞아 잠들 것이다

물고기 한 마리 여명의 윤슬 되고
빛나는 비늘 옷을 입고
바위를 탁탁 치며

다시 하루를 시작한다.

새벽 강. 그건 얼마나 설레던 세상인가. 한때 우린 검은 밤을 건너 새벽 강을 보러 갔지. 그러다 언제부터 우린 더 이상 새벽 강을 보러 가지 않게 되었나. 그러니 그대 다시 새벽 강을 걸어보라고. 강은 우리에게 애절하게 손짓한다. 안개 지핀 강 거슬러 안개를 가르고 오르면. 깊숙이 스미어 안기는 시원함 청량함. 그것에 빠져본 사람은 새벽 강의 차갑고 강렬한 매력을 절대 잊지 못하리. 새벽 강에 닿으면 우리 모두 진심으로 세월과 약속을 나누고. 매일 강과 함께 새로이 태어나는 것.

새벽녘 중저음으로 강심 지르며 가는 천둥소리. 그때 우리 생도 폭포처럼 맑아지고 생각의 비늘 일제히 강 위로 솟구친다. 강은 깊이 흘러 제 안으로 세상 질서를 가다듬고. 강은 흐르면서 건져 모으고 살리고 먹이고. 그렇게 쌓이는 시간을 숨 쉬며 꿈꾸는 것. 강은 광대한 한 마리의 물고기이니. 여명의 윤슬을 타고 빛나는 비늘 옷 입고. 바위를 탁, 탁, 탁 치면서 다시 큰 새벽을 미는 것. 그때 우리 생각의 비늘 온통 반짝이는 빛을 뿌리며 강물 속 무수한 화살이 되어 날아 박히는 것.

강물을 따라 흐르다

김선태(1960~)

강물을 따라 흐르다 보면
길이 왜 좌충우돌하며 몸을 뒤트는지
알 것 같다. 그것이 강물을 흘려보낸
저 첩첩산중의 마음결인지도 알 것 같다.
그리하여, 강물이 길의 풍경을 유유장장 거느리고
남해 바다로 흘러가는지도 알겠다.
강물을 따라 흐르다 보면
상류와 중류와 하류의 폭이 왜 다른지
알 것 같다. 소리와 색깔과 깊이까지
다르다는 것도 알 것 같다.
그리하여, 왜 은어 떼들이 하류에서 상류까지를
애써 거스르며 오르는지도 알겠다.

우리 흘러가는 강물 따라 고즈넉이 걸어가 본 것이 언제였던가. 저물녘 노을을 등에 지고 긴 그림자 강물에 빠뜨린 채 한동안 서 있어 본 적은 또 언제였던가. 사위에 어둠이 달려와 우릴 겹겹이 가둘지라도. 우리 갇힌 칠흑 속에서도 곁에 서 있는 미루나무 한 그루 그 어둠을 견디어 준다면. 그 여린 나뭇가지 하나 붙잡고도 우린 몇 밤을 건너 새벽강에 당도하리라. 어느 날 저문 강에 삽을 씻고 쓸쓸히 마을로 돌아가던 할아버지의 할아버지 아버지의 아버지. 하루 노동 뒤에 어둠을 가르던 어르신의 삽자루.

흐르는 강물에 삽을 씻으며 거기 슬픔도 퍼다 버리던 농부들. 쓸쓸히 마을로 돌아오던 이웃들. 강물에 삶의 고단과 슬픔 한 삽씩 퍼다 부리며 거기 한 생의 쓸쓸함도 묻어 버리곤 했지. 강물 따라 흐르다 보면 길은 좌충우돌로 몸을 뒤채는 법. 그건 강에 이르러 물이 제 떠나온 고향을 잊으려 애쓰는 몸짓. 물을 건너 헤어진 사람들의 한숨. 그들이 남긴 외침 소리 잠기어 어둠 속 강은 울음 안으로 삭인 채 별빛도 함께 끌어안는다. 봄에 핀 작은 잎 은어 떼들 몇 계절 거슬러 상류로 상류로 차고 오르는 그 힘.

금강

이흥우(1953~)

비단 강 여울목에 달빛이 쉬어가면
천 리 길 뱃길 따라 물새가 슬피 울어
떠난 님 돛배 타고서 노을 안고 온단다.

종달새 높이 떠서 사랑을 노래하면
부풀은 버들잎에 조각달 걸쳐놓고
은모래 백사장 따라 물수제비 그린다.

한 서린 비단 강에 철새 떼 비상하면
휘영청 달빛 타고 갈대밭 너울지듯
기러기 새 소식 안고 줄지어서 온단다.

강바람 비단 물결 달리는 자전거 길
숨 쉬는 금강 천 리 눈부신 치맛자락
물새 알 꿈을 키우는 하루해가 저문다.

금강. 그 애잔함은 말로 표현해 무엇하랴. 하고 많은 그 심정을 노래로 띄웠거늘. 철마다 고운 색으로 비단 옷을 차려입고. 새벽마다 갈기 휘날리며 힘차게 달려 온 천 리 길. 금강은 비단으로 감싸 두른 비단 자락이다. 봄부터 물새 울며 종달새 솟구치고 가을 철새 떼를 지어 날 때 서해 낙조로 장엄하게 노을이 진다. 갈대밭에 바람 소리로 말을 달리던 수천의 백제 군사들. 잠들지 않는 기상으로 깨어 일어나. 기러기 기럭기럭 새 소식 안고 온다.

금강 천 리. 눈부신 옷자락으로 대지를 감싸 안고 호밀밭 파도 출렁이면. 통통배 타고 물살 거스르던 백제 소년이여. 소년의 가슴에 싹트던 꿈과 희망. 용기와 도전. 그리고 시와 사랑과 혁명이여. 물굽이 거셀수록 백마강 달밤의 서슬 푸른 눈빛으로. 백제. 예부터 이곳은 모여 썩는 곳. 망하고 대신 거름을 남기는 곳. 금강. 예부터 이곳은 모여 썩는 곳. 망하고 대신 정신을 남기는 곳. 금강이여. 금강이여. 우리 사랑 금강이여.

강물

노원호(1946~)

1

강물은
누구와도 다투지 않는다.
누가 길을 막으면
돌아서 가고

그러면서도
앞서지 않고
차례로 간다.

강물은 강물끼리
서로 손잡고 간다.

2

강물이 흐른다.
바람의 손목을 잡고 소곤거린다.
천날 만날 아래로만 흐를 줄 알았지
제 속을 들여다보지 못한 강물
이제야 알았나 보다.
제 가슴에 내린 하늘이
그렇게 파란 것인 줄을.
여름날 강물은
눈이 더 파래진다.

우리는 무엇보다 강물에서 동심을 배웠다. 그 무엇과도 다투지 않고 막힌 길은 돌아서 가고. 누구를 앞서려 하지 않으며 함께 손잡고 가는 것. 강물의 맑고 밝은 성품. 언뜻 쉬워 보이지만 그건 어른이 따를 수 없는 지혜다. 바람의 손목을 잡고 이어가는 강물. 강은 소곤소곤 제 안의 속삭임을 들을 줄 안다. 금강은 물방울이 모여 이룬 빛나는 화엄 세상. 언제나 아침이면 새롭게 눈부신 부활이다. 모든 걸 품는 대동 세상. 서로 어울려 안으로 더 가깝게 다가선다. 금강은 마지막 주자가 닿을 때까지 기다렸다가 비로소 완성되는 금강경.

강물도 자세히 제 속을 들여다보아야 저를 깊이 알 수 있다. 언제나 바삐 흐르기만 하다가. 어느 날 제 안으로 고이는 허공을 안고 돌아누울 때. 그리하여 항상 우러러보던 하늘이 기실은 제 가슴이었다는 것을 알게 된다. 그때 아쉽게 흘러간 구름도 어느새 금강에 와 안기어 있다는 걸 알게 된다. 그제야 하늘은 강의 표정을 따라 점점 더 파래진다. 유월의 금강을 따라가면서 보라. 왜 그 보리밭이 점점 더 새파래지는지 그 이유를 알 수 있을 것이다.

강물을 따라 흐르네

박남준(1957~)

나 내딛는 한 걸음이 이 땅의 강을 살리는 일이라면
그 강에 찾아오는 새떼들의 노래하는 날갯짓
끊이지 않게 하는 일이라면
강을 따라 흐르는 걸음 어찌 함께하지 않으리
그리하여 내딛는 한 걸음이
강을 거슬러 오르는 은빛 비늘의 물고기 떼들
물길의 나침반 잃어버리지 않게 하는 일이라면
송사리 떼 송알송알 오르내리게 하는 길이라면
그 길에 어깨동무하며 앞선 발걸음 어이 뒤따르지 않을까

강물을 따라 흐르네
흐르다 때로 가던 걸음 멈추며
세상에 어떤 것들이 참으로 있어 눈물 나도록 아름다울까

걸어온 풍경을 떠올렸네

깊고 낮은 곳으로 흐르며 아낌없이 채워주는 강물을 생각했네

그 강가에서 눈을 뜨고 밥을 지어 나누며

고단하였으나 오지 않는 잠을 청하기도 했네

눈발이 날리기도 했네

눈길에 첫 발자욱을 새기며

뒤따를 사람의 발목이 젖지 않을 걸음을

앞서 걷는 이의 고맙고 따뜻한 수고로움을 생각했네

걸음마다 발자국들 이어졌네

멀리 그리고 가까이 반가운 손 흔들며 달려오는 등불들, 환한 행렬들

마른 대지를 적시며 흐를 당신 어, 어머니,

푸른 젖줄의 강물을 생각했네

강물이 강물로 살아 흐르는 생명의 강을 생각했네
뚜벅뚜벅 나 내딛는 한 걸음의 발자국이
죽음으로 가는 탐욕을 남김없이 지우며 거두어내는 일이라면
그 몹쓸 삽날을 막는 일이라면

강물을 따라 흐르네
지금 강물을 따라 걷는다는 것은
봄바람에 기지개를 켜며 깨어나서 고운 솜털 보송거리는
강가의 버들강아지야 널 지켜주겠다고
새끼손가락을 꼭 걸었기 때문이네

이 세상의 첫 길은 물의 길이었을 것. 대지 위로 물이 걸어갈 때 흙의 가슴 위에 새겨진 강. 그 강으로 이어진 물길이 이 세상 최초의 길이었으리. 그 물길 위로는 뱃길이 놓이고 또 그 위로는 하늘길이 열렸으리라. 그러므로 이 땅에 처음 길을 열어놓은 금강. 그것은 이 세상의 어머니다. 그러므로 땅 위에 놓인 길에는 늘 물의 길이 겹쳐 있는 것. 강은 우리를 낳은 어머니이다. 우리가 강을 지키려는 것은 우리를 낳은 어머니를 지키려는 것이다.

그렇다. 강은 언제나 지키려는 자의 몫이다. 강의 흐름을 눈여겨보면 구름이 강의 물살을 다독이며 이끈다. 그 흐름 거스르거나 막아선 안 되지. 강은 우리 삶의 나침반. 강은 우리에게 보이는 시간의 흐름이다. 천천히 그러나 그침 없이. 강은 강가에 모여든 모든 생명의 총체다. 그러니 강가에 피어나는 버들강아지와의 약속도 꼭 지켜야지. 그러한 사람들 마음이 모여 이루는 화음. 거기에 귀를 대면 강물이 강물로 살아 흐르는 생명의 강. 우리의 금강.

강

오규원(1941~2007)

강은 언제나
앞과 뒤
그리고
옆을 둘러보며
천천히
흘러간다.

천천히 가다가
산이 좋고
물이 좋은
곳을 만나면
집과 집이
서로 정답게 껴안은
마을을
옹기종기
매달아 놓고

들이 시원하고
바람이 시원한
곳을 만나면
곡식과 채소가
다투어 자라는
논밭을
바둑판처럼 반듯하게
만들어 놓고

심심한 아이들이
뒹굴고 놀
넓은 모래밭을
펼쳐 놓고
염소와 송아지가
풀을 뜯고 쉴
풀밭도

펼쳐 놓고

강은
어두운 밤이 되더라도
달이나 별이 찾아와
목욕할 수 있도록
언제나
다니는 그 길로
꼬박꼬박
그리고 천천히
흘러간다.

강의 분주함과 흥겨움을 이토록 정교하게 그려놓은 문장이 또 있을까요. 이는 완벽한 강의 서사이자 문법이라 해야 하겠지요. 수천 년이나 이어온 금강의 흐름 그 서사시의 완성이라 할 수 있겠네요. 그 천천히 흐름 안에는 세상과 나누는 의미심장한 대화들이 가득 들어있지요. 하늘과 땅에 전하는 메시지도 담겨 있구요. 집과 마을과 곡식과 채소와 논과 밭. 아이들이 뒹구는 넓은 모래밭. 그리고 염소와 송아지가 풀을 뜯는 풀밭. 언제나 강은 어두운 밤에도 달과 별이 찾아올 수 있도록 아주 천천히 흘러간다고 하지요.

그런데 이렇게 강을 노래했던 시인도 어느새 흘러간 지 십수 년이 되었네요. 그가 그리운 많은 이들은 그를 생각하며 죽음을 떠올리는데요. 한때 그가 쓴 죽음에 대한 시가 인상적이었지요. 죽음은 버스를 타고 가다 걷기가 귀찮아서 택시를 탔다고. 죽음은 일을 하다 일보다 우선 한잔하기로 했다고. 한잔하다 취하면 내일 생각하기로 했다고. 술을 한잔하다가 죽음은 내일 생각하기로 한 것도 귀찮아 그 생각도 그만두기로 했다고. 하, 그랬던 시인은 죽음으로 택시를 타고 갔을까요. 아니면 강을 따라갔을지요.

섬진강 · 11

김용택(1948~)

당신, 당신이 왔으면 좋겠습니다.
곱게 지켜
곱게 바치는 땅의 순결
그 설레이는 가슴
보드라운 떨림으로
쓰러지며 껴안을,
내 몸 처음 열어
골고루 적셔 채워줄 당신.
혁명의 아침같이,
산굽이 돌아오며
아침 여는 저기 저 굽이치며
잠든 세상 깨우는
먼동 트는 새벽빛
그 서늘한 물빛 고운 물살로
유유히,
당신, 당신이 왔으면 좋겠습니다.

강은 영원한 인간 삶의 고향이지 생명이지 어머니이지. 하여 예부터 무수히 시인들 강을 노래해 왔지. 한 시인은 강을 지키며. 그 강에서 삶을 배우고 강에서 미래를 보았지. 강이 지켜온 역사의 현장을 되새기며 닮아갔지. 저 가문 섬진강을 따라가면서 보라고. 퍼가도 퍼가도 전라도 실핏줄 같은 개울물들이 끊이지 않고 모여 흐르는. 저무는 저 섬진강을 따라가면서 보라고. 어디 몇몇 애비에미 없는 후레자식들이 퍼간다고 그것이 마를 강물인가고. 섬진강을 지키며 섬진강을 노래한 시인 있었지.

강은 시인을 낳고 시인은 또 강을 낳았으니. 금강을 노래한 시 거슬러 다시 써온 금강. 그렇게 다시 쓰는 금강으로 새로운 물길을 텄지. 이제 금강은 태평양으로 나아가 다시 쓰여야 하리. 대서양으로 가서도 다시 더 써야 할 것. 강물 속으로는 또 하나의 강물이 흐르고. 바닷물 속에는 또 하나의 바다가 흐르는 까닭. 진정한 바다를 보려면 바닷속 깊은 그대를 만나야 하느니. 그 첫 출발은 금강. 금강에서 태평양 대서양이 시작된 것이다. 그래요. 그 물길 따라서 당신, 당신이 왔으면 참 좋겠습니다.

흐른다. 고로 존재한다

- 『김완하의 시 속의 시 읽기 6』을 읽고

박송이(시인)

죽지 않고 살아 있었구나
우리들의 피는 大地와 함께 숨쉬고
우리들의 눈동자는 江물과 함께 빛나 있었구나.
- 신동엽, 「阿斯女」(1960. 7) 부분

1. 뜬봉샘에서 도랑으로

내가 이 책의 해설을 맡고 가장 먼저 묻고 싶은 질문은 바로 이거였다. 과연 김완하의 뜬봉샘은 어디일까. 이 『김완하의 시 속의 시 읽기 6』시리즈를 기획하고 연재한 그의 글쓰기의 시도를 키워낸 발원지는 어디일까. 그가 이 글을 쓰기 시작하게 된 글쓰기 첫 출발 지점은 어디일까 하는 다소 존경 어린 질문이었다. 내가 그에게 직접적인 질문을 던져 답을 듣기보다 내 스스로 답을 구하는 편이 낫겠다고 판단을 내린 건 이 또한 내 글쓰기의 또 다른 시도가 될지 모르기 때문이었다. 답은 알 수 없고 읽고 덮고 쓰고 지우기를 반복하는 이 지난한 독법을 지나는 동안 갈증이 난다. 목을 축이러 가볼까.

『김완하의 시 속의 시 읽기 6』은 한 마디로 '다시 쓰는 금강'이다. 금강을 산책하거나 금강을 명상하거나 김완하는 금강에 빠져 있다. 그것도 푹 말이다. 그는 금강 혹은 강 관련 시들을 찾아 낱낱이 읽어낸다. 2019년 9월부터 2021년 5월에 이르기까지 그의 금강 예찬론은 멈출 기미가 보이지 않는다. 그가 매주 ≪금강일보≫에 발표한 글들은 신동엽의 「금강」에서 출발하여 김용택의 「섬진강」에 이르기까지 시들만 해도 총 60편에 이른다. 강 관련 시들을 읽고 이를 줄기차게 스토리텔링하는 일은 아무나 할 수 있는 게 못 된다. 김완하이기에 가능한 이유는 「申東曄 詩 硏究」(1993)로 박사학위를 받을 만큼 신동엽에 대한 그의 극진한 애정이 한몫했으리라. 또한 그에게 '강'은 얼마나 특별한가. 김완하는 「백마강에서」, 「적벽강에서」, 「하회강에서 가서」, 「낙동강 칠백리」, 「강」, 「강물」, 「강줄기」, 「강을 건너와」 등을 발표한 바 있고 '강'은 그의 시 세계를 관통하는 핵심 이미지 가운데 하나이리라.

저문 강에 비가 내린다

강심 깊이 귀를 묻으면
잠들지 못한 울음소리가 들린다
강물에 번지는 신음소리 따라
젖은 풀잎 깨어난다
그날 황산벌에 끓어오르던 함성
북소리 목 놓아 울고
쫓겨 온 장수 몇이 피를 헹구고 떠나간 후
빗물이 쌓여,
죽음을 끌어안고
모래알은 천만 번 깨어나고 있다
다짐하고 다짐해 봐도
억누를 수 없는 힘을 어이하랴
안으로 뜨겁게 흐느끼는 강 자락
장수의 칼날이 끊어낸 몇 동치 어둠이여
거센 물결은 거듭 일어서고
우리가 살아 있음으로 더욱 슬퍼지는 것을
또, 어이하랴
비는 헐벗은 몸짓으로 부서져
강물에 몸을 섞는데
우리 이대로 서서 무엇이 될까
천둥소리에 놀라
재앵 쟁 강줄기 몸을 뒤틀고
강울음은 들판을 적신다

- 김완하, 「백마강에서」 전문

김완하가 '다시 쓰는 금강'이란 시리즈를 기획하고 연재한 데에는 분명한 어떤 소명이 있는 게 아닐까. 들판을 적시는 이 강 울음이 그에게 어떤 상상력을 심어 준 것일까. 어찌하여 김완하는 흘러 흘러 금강에 닿았던 것일까. 그에게 신동엽의 '금강'은 울음일까. 억누를 수 없는 어떤 힘일까. 그는 '흐르다'는 동사를 살기 위해 온몸과 온 정신으로 금강을 껴안아야 했던 건 아닐까.

애초에 뜬봉샘이 있었고 샘의 물을 따라 물길이 생겼다. 이 물길의 근원지인 뜬봉샘이 중요한 이유는 바로 이곳이 상상력의 출발점이기 때문이다. 이 샘은 우리 인간 삶의 뿌리이며 생명의 근원이기 때문이다. 이 샘은 우리 인간이 나아가야 할 지향과 흐름의 씨앗을 품고 있기 때문이다. 물길을 따라 강둑이 생기고 강둑 위로 마을이 형성되고 거기 우리 아기들이 태어난다. 우리는 그렇게 흘러감 속에서 성장했기 때문이다. 살아있는 것들은 흐르기 마련이라는 아주 사소한 진리를 떠올리며 흐름과 변화와 성장 그리고 어떤 오롯한 생명과 사랑 같은 걸 느낀다.

2. 도랑에서 개울로

4차 5차…… 혁명이 도래하는 이 시대에서 비트코인과 화성탐사라는 가상의 상상력이 판을 치는 이 세상에서 과연 우리는 어떻게 살아가야 할 것인가. 우리는 어디로 흘러가야 할 것인가. 강아, 우리는 정녕 어디로 흘러가야 한단 말인가. 강에게 묻는다. 강은 그저 흐를 뿐이고 우리는 '다시'라는 말에 주목할 수밖에 없다. '다시'라는 말, "다시 쓴다는 말"은 "다시 흘러간다는 말"과 같은 말이 아닌가.

맞다. 이 어떤 절박함이 김완하를 금강으로 이끌고 온 것이 아닌가. 우리는 이 땅에 유장하게 흘러 온 금강을 '다시' 상상력의 공간으로 데리고 와야 하는 게 아닌가. 금강은 세월의 질곡을 출렁이며 우리 민족 역사를 살아온 여전히 살아 있는 '증거'이자 '증인'이 아닌가. 백제가 패망하고 찢긴 피의 역사 그 피 거름의 터전이 아닌가. 김완하는 금강은 "시인들 가슴으로 스며들어 당찬 금강으로" 다시 살아나고 있다고 말한다. 묻지 않을 수 없다. 다시 산다는 건 무슨 말일까.

금강이라는 대명사 옆에 흐르다 숨 쉬다 빛나다는 동사를 차례로 써 본다. 금강이 흐르고 금강이 숨 쉬고 금강이 빛난다. 어찌 이러기만 하겠는가. 백제의 병사들과 그 병사들이 탄 말들이 죽은 강. 그 병사들의 자식들이 목 놓아 울다 간 강. 삼천 궁녀의 혼이 흐르는 강. 동학 농민들의 핏물이 섞인 강. 외세의 무자비한 '쇠붙이'가 가라앉은 강. 4·19 혁명의 강. '껍데기'가 잠긴 강. 울혈의 강. 금강 변에 앉아 본다.

흙 가슴의 강. 알맹이의 강. 핏줄의 강. 꿈의 강. 넋의 강. 한없이 흐르는 강. 깊고도 넓은 강. 무수한 강. 뻗어가는 강. 개벽의 강. 어떤 이별의 강. 그러다 문득 흐른다는 건 무얼까 다시 흐른다는 건, 다시 산다는 건, 그러니까 다시 쓴다는 건 무얼까를 되새기는 강이 흐른다.

먼저 가려고 다투지도 않고
처져 온다고 화도 안 낸다.
앞서 간다고 뽐내지도 않고
뒤에 간다고 애탈 것도 없다.
탈 없이 먼 길을 가자면
서둘면 안 되는 걸 안다.

낯선 물이 끼어들면
싫다 않고 받아 준다.
패랭이꽃도 만나고
밤꽃 향기도 만난다.
새들의 노래가 꾀어도
한눈팔지 않고 간다.

- 최춘해, 「강물이 흐르며」 전문

김완하는 위 시를 통해 말한다.

"그러니 물에게 배워야 하겠습니다. 강에서 배우라고 해야겠지요. 강은 굽이를 돌면 더 크게 감싸 안는 마음으로."

그렇다. 강은 묵묵하고 강은 넉넉하다. 품이란 그런 것이다. 금강이 남겨온 발자국을 보면 확연히 드러난다. 김완하는 우리 역사가 이 금강의 품에 새겨져 있다고 말한다. 사람들만큼 강에 빚을 지고 사는 존재들도 없을 거라고 말이다. 그러기에 강을 이렇게 말해 볼 수도 있겠다. 다가가면 품어주고 늘 그 자리에 있어 주는 강. 어지러운 머리를 식히기 좋고 돌멩이를 아무렇게나 던져도 받아 주는 강. 퇴근길에 구시렁거리며 하소연을 해도 좋을 강. 묵묵히 귀 기울여주는 강. 패랭이 개망초 명아주 들풀과 물새를 키우는 강. 한 바가지 떠다 목을 축인들 그저 내어줄 뿐인 강. 강줄기 따라 모이는 강. 터전의 강. 흐르고 흐르는 강. 하냥 흐르는 강. 비단의 강. 시심의 강. 이러저러한 서사의 강이라고 말이다.

김완하는 나태주의 「비단강」 시를 읽고 "아름다움은 또 하나의 이름을 낳았으니. 비단강. 흐름은 끝없는 창조의 현장. 위대함은 언제나 이름 넘어 새 이름을 키우는 법"이라 말하는데 그는 금강의 스토리텔러가 되기로 작정한 모양이다. 금강이라는 거대한 강줄기들로 독자들에게 그 시심이 닿게 하려는 건 아닐까. 나태주가 '금강'을 '비단강'으로 부를 때 금강은 또 하나의 탄생이며 창조이다. 금강은 개인과 일상의 두 줄기의 호흡으로 굽이치고 있다. 이게 무슨 말인가.

금강은 다양한 우리네 삶의 이야기가 펼쳐지는 현장 그 자체라는 말이다.

3. 개울에서 하천으로

금강은 이름 없는 지류들이 만든 강이다. 홍산천이 그중 하나일 것이다. 금강이 잘도 내려다보이지만 '애지중지' 땅은 4대강사업과 땅투기로 '애물단지'되어 "언제라도 팔고 싶은 땅"(공광규의 「홍산천」)이 되어 버렸다. 트랙터가 몰려오고 강과 마을과 논밭을 밀어내는 일은 자연의 핏줄을 자르는 일이니 그러지 말라고 김완하는 말리고 있다. "그 핏줄 자르고 막으면 당연히 우리 몸은 곪아 터지게 된다"고 말이다. 그러니 우리는 다시 '시'로 돌아와야 한다. 다시 '강'으로 돌아가 보자.

> 눈이 오는 날 아버지를 따라서
> 소 팔러 갔습니다
> 수루배 강둑길로 갔습니다
> 새끼 한번 낳아보지 못한 돌소,
> 쟁기질하러 가는 줄 아는지
> 다니던 길이라고 앞장서서 갑니다
> 대평장 소전머리에서
> 고삐를 낚아 채이고
> 겨우겨우 굴레를 벗겨왔습니다

길 끊길라, 어서 가거라, 양 끝에
놋쇠방울이 달려 있는 굴레를 건네주고
투전판에 눌러앉은 아버지는
그날 돌아오지 않았습니다
눈이 내리고 있었습니다
십 리 강둑길 눈길에 넘어질까 하여
소 발자국을 밟으며 되짚어오는데
워낭소리도 따라왔습니다

- 진영대, 「강가에 산다」 전문

김완하는 진영대의 시를 읽고 그의 유년으로 따라 흘러온 가난과 고통, 상처, 이별, 상실, 소외, 절망, 떠남, 투병, 단절, 부패, 죽음 등을 떠올린다. 강둑으로 걸어갔던 소의 울음과 그 소를 팔고 돌아오며 흘린 사내들의 눈물이 더해져 금강이 저리도 푸르게 뻗쳐있음을 본다. 시인이 쌓아 올린 강의 시간 속에는 어머니와 아버지 그리고 할머니의 강이 닿아 있다. 김완하는 그의 생이 낮은 곳, 그늘진 곳, 구석진 곳에서 출발하고 있음을 목격한다. 그의 고단한 가족사가 어둡게 다가오는 것은 맞지만 어느새 우리는 생의 온기와 의지로 또 그 재생과 부활의 정신으로 그의 삶이 '워낭소리'로 깊고 넓게 울려 퍼지고 있음을 읽어낸다. 독일 철학자 발터 벤야민은 "한밤중에 길을 걸을 때 중요한 것은 다리도 날개도 아닌 곁에서 걷는 친구의 발소리다"는 말을 한 바 있는데 이처럼 강은 우리네 삶의 굴곡진 소리를 함께 걸어가 주는 위로의 벗이 아니던가. 세월이 흘러 이제는 아픈 어머니 곁에 중늙은이 아들이 있는 이런 강가의 풍경은 어떠한가.

모난 돌이 정 맞는다, 아들아
늙은 모친 밭은기침 피해
물수제비 띄우던 자갈밭
두근두근 박동으로
저무는 갈잎 흔들리는 소리
쨍그랑쨍그랑
빛의 속도로 세월 가는 소리
흔들리는 억새꽃
뿌리털 깊숙이 내리며
그림자 서걱이는 소리
이제는 울지 않아요 어머니
개구리 심장 다독다독
아흔셋 노모 재울 때마다
돌 지난 아이처럼
쿵, 쿵, 쿵 방싯대는 소리

- 강병철, 「금강이 보이는 베란다」 전문

김완하는 아들과 노모의 몸속에 흐르는 금강의 생을 직시한다. 생과 사의 기로에 강이 있는 게 아니라 어쩌면 우리는 죽어서조차 강에게 나의 몸을 의탁해야 하는 건 아닌지 묻는다. 인간사 생과 사의 반복을 통해 강물이 점점 넓어지고 깊어지고 있듯이 말이다. 이러한 자조 섞인 통찰로 김완하의 한 문장과 한 문장은 이어진다. 그러나 여기 강이 없으면 아무런 소용이 없다. 때때로 "사랑은 강물처럼 흘러가는 것/ 변하고 변하다가 추억으로만 남는 것/ 그 말, 씹을수록 쓰다"(홍사성의 「아내의 애인」)고 홍사성이 말할 때 김완하는 "아니다. 그렇지 않다. 강물은 그렇게 쉽게 흘러가는 것이 아니다."고 답한다. 금강을 옹호하는 일종의 노파심에서 나온 말이겠지만, 그는 진심이다. 비록 사랑은 흘러가 다시 돌아오지 않을지 몰라도 금강은 쉽게 변하지 않는다. 왜냐하면 "강물은 다시 돌아와 그 자리를 채우며 새롭게 새롭게" 흐를 것이기 때문이다.

돌아오기 위해 떠나간다는 말은 무엇인가. 떠나고 난 후 다시 돌아올 것을 약속한다는 말은 무엇인가. 우리가 만나고 헤어진다는 건 그리고 우리가 언젠가 늙고 죽어간다는 건 또 다른 만남을 기약하기 위해서 아닌가. 오월의 짙푸름이 겨울의 메마름을 예비하고 있듯이 봄은 또다시 흘러와 잎새들을 마구 피워댈 테지만 그러다 또 한순간 마구 떨어질 테지만 이것이 우리 삶의 전장이니 잊지 말아야 할 것이다.

4. 하천에서 금강으로

흐른다는 것은 존재한다는 것이다. 흐른다는 것은 맥과 맥의 연결이다. 줄기와 줄기의 이어짐이다. 너와 나의 만남이다. 김완하는 "흐르는 것이야말로 강의 가장 소중한 사명"이고 "세상의 이치를 세우는 법"이다고 말한다. 이때 중요한 것은 자신을 지우는 일이다. 나 자신을 내려놓을 때 비로소 나의 뜻은 더 웅숭깊게 퍼져나갈 수 있는 것이리라.

신동엽의 단상(斷想)에는 이런 문장이 있다.

> 늘 있는 것은 존재하지 않는 것이다. 햇볕은 금세 없어진다. 지나가는 것이니까 귀하다. 지나가는 것이니까 햇빛이다. 늘 있으면 햇빛이 아니다. 부존재(不存在)다.
>
> - 신동엽, 「단상 모음」, 『신동엽 산문전집』, 228쪽.

늘 우리 곁에 있는 금강은 존재하지 않는다. 왜냐하면 내 눈앞의 강은 금세 사라져 없어질 것이기 때문이다. 순간 내 앞을 지나쳐 가 버릴 것이기 때문이다. 그러니 귀하다. 지나가는 것이기에 말이다. 지나가 버리니까 강이다. 늘 그 자리에 있으면 강이 아닌 까닭이다. 우리 눈앞에 보이는 강은 금세 없어질 존재이다. 흘러 사라지고 없어질 것이기에 존재하는 것이다. 강이 흐르지 않는다면 그건 강으로써의 사명이 끝난 것이다. 신동엽 식으로 말하자면 바로 부존재(不存在)

한다고 말할 수 있다.

> 강가에 무릎 세우고 앉아
> 흘러가는 강물 무연히 바라본다
> 사는 일이 모두
> 흐름에 물들다 가는 일이라고
> 한 여울이 다른 여울을 세차게 껴안는다
> 흐름의 수심 깊이 가라앉은 무겁고 느린 生이 있지
> 다 왔다, 다 왔다 할머니 목소리를 내는
> 저 여울이
> 그리움으로 읽히기도 하고
> 쓸쓸함으로도 읽히는 세상을 빌려
> 띄엄띄엄 달맞이꽃이 피었다 지는구나
> 내가 끌고 다닌 길이여
> 어느 깊은 그늘에 이르러 미치게 뒤척이며
> 내 傷한 노래와
> 노래 곁에서 갑자기 몸이 뜨거워지는
> 우울한 저녁 하늘을
> 너는 또 어느 기억 속으로 이끄는 것이냐
>
> \- 이관묵, 「저녁 강」 전문

김완하는 저녁 강에 나가 우리의 보일 듯한 생을 마주하고 있다. 저 흐르는 강은 다만 흘러가지 않는다. 그의 이런 아포리즘은 어떤가. "앞서간 물살이 비운 그리움을 뒤의 물길이 이어가며 채울 뿐이니. 그리하여 한 여울이 다른 여울을 세차게 껴안는 것"이라니 이 얼마나 따스한 포옹인가. 한 여울이 다른 여울을 품어주는 것이야말로 사랑 아니겠는가. 그렇게 금강은 사랑으로 이어지는 "큰 물의 사원"이 된다. 우리도 저녁 강에 나가 보자. 그러면 강가 버드나무 곁으로 할머니 목소리가 흐르고 강물을 따라 흘러가다 보면 '달맞이꽃'이 벙글어 깨어나 있고 강물을 따라 흘러가다 보면 여울 목소리에 잠이 깬 금강의 참빛이 보이지 않겠는가.

있음(存在)이 없음(無)의 반어가 아니듯이 없음을 통해 있음을 끌고 오는 강의 정신이야말로 생명 그 자체를 온전히 보여주고 있다. 흐르지 않는 강을 어찌 강이라 부를 수 있겠는가. 흐르지 않는 강이 어찌 저 너른 들녘을 다 채울 수 있겠는가. 우리의 울음 없이 어찌 이 강이 채워졌겠는가. 이 강이 없이 어찌 누가 이 무수한 별빛을 받아낼 수 있겠는가. 김완하는 "자맥질해온 숱한 시간들"이 모여 오늘의 역사가 이루어졌다고 말한다. 마음을 비우는 자 그 빈 마음이 채워지리니 "어서 마음을 비워" 빈 마음 하나 건져 놓고 있어야 하지 않겠는가.

초록초록 예쁜 소리를 내며 흐른다
제 몸 가득 어린 생명을 키우면서도
착한 낯빛으로 느리게 웃는 금강

가을이 오고 겨울이 오더라도
금강의 낯빛은 늘 상기되어 있다
입술 살짝 깨물고 있는 금강
눈 감고 있어도 사방이 밝고 환하다
자꾸만 부풀어 오르는 제 가슴속
온갖 꿈 키우고 있는 금강
오늘도 별별 풀꽃들 끌어안고 있다
붕어, 꺽지, 모래무지, 송사리 따위까지
겨드랑이 속 깊이 껴안고 있다

- 이은봉, 「금강」 부분

금강은 유일하게 북쪽을 향해 흐르다 서쪽으로 방향을 틀어 서해로 뻗친다. 이것이 바로 금강의 역발상이다. 모든 사물을 역발상으로 대해 보아라. 널브러진 돌멩이를 주워 꽃병에 꽂고 애지중지 돌보면 그 돌멩이가 한 송이 꽃으로 피어나지 말란 법이 있나. 사랑의 생명의 가치는 바로 이 역발상에서 나온다. 김완하는 위 시에서 초록 생명의 힘줄을 발견하고 있다. "금강은 새싹의 마음을 갖고 있다"(이은봉의 「금강」)는 건 바로 "시인이 새싹의 마음을 가졌기 때문"이다. 그러니 온 땅의 풀꽃이 더 깊게 '꽃문'을 여는 것 아니겠는가. 초록의 상상력은 초록으로 눈을 뜨고 지치고 거친 마음은 강을 따라 사랑과 평화의 물결로 넘친다. 시인의 마음으로 흐르는 금강 속에서 김완하는 "착한 낯빛으로 느리게 웃"

어 본다. 그 웃음이 새 길 가르고 내일로 펼쳐지나니 그렇게 "금강은 언제나 누구에게라도 스미어 가슴 따끈한 찰진 쌀밥 한 상!"으로 차려지는 것 아니겠는가.

어느 해
여름 금강 변을 소요하다
나는 하늘을 봤다.

빛나는 눈동자.

너의 눈은
밤 깊은 얼굴 앞에
빛나고 있었다.

그 빛나는 눈을
나는 아직
잊을 수가 없다.

- 신동엽, 「금강」, 『금강』 3장 부분

김완하는 금강 변을 소요하고 있다. 밤이 어두워지도록 빛나는 그 얼굴 앞에서 그 눈, 그 눈빛을 그 정신을 잊지 못하고 있다. 일제의 탄압이 극심하던 1930년에 태어난 신동엽, 우리 민족의 핏빛 어둠 속에서도 새 하늘을 보았던 그 시인의 얼굴을 금강에 비춰 도로 내 얼굴을 보았던 건 아닐까.

금강은 죽지 않고 살아있는 우리들의 피다. 그러기에 이 "금강은 우리와 함께 숨 쉬고 있으며 우리의 눈동자가 강물과 함께 빛날 수 있는 것"이다. 김완하의 아포리즘은 이 지점에서 특히 빛난다. 신동엽의 서사시 『금강』에는 동학의 혼과 맥이 문학적으로 잘 형상화되어 있고 이는 결국 인간 삶의 근원적인 정신세계에 닿아 있음을 이해해야 한다.

> 시정신이란 무엇인가? 그것은 21세기의 도구적 이성이나 도구적 세계관에 맞싸울 수 있는 백신이다. 그것은 모든 사물들을 사랑과 생명의 가치로 바라보며 교감하는 정신이다.
>
> \- 김완하의 시론에서 발췌

이처럼 '다시 쓰는 금강'은 "모든 사물을 사랑과 생명의 가치로 바라보며 교감하는 정신"으로 쓴 금강 스토리텔링북이다. 한 편 한 편의 시들이 시의 강이 아니던가. 한 편의 시와 한 편의 시가 서로 공명하며 흘러가는 힘은 바로 시의 정신에서 오는 것 아니겠는가.

김완하는 어느 날 금강 변을 소요하다 시정신을 직관하였다. 서해로 흘러 태평양으로 흘러 들어가 너른 바다에 닿은 저 유유한 금강이 이제 세계로 뻗어가고 있음을 말이다. 모든 강이 '샘'에서 출발하듯이 모든 시 역시 아주 작은 '샘'으로부터 시작되었으리라. 마치 뜬봉샘의 가느다란 물줄기가 수분마을의 도랑을 흘러 또 다른 도랑을 만나듯이 말이다. 이와 마찬가지로 나의 독법은 쉴 새 없이 흘러가야 했다. 도랑이 개울을 만나고 개울은 또 다른 개울과 만나 하천으로 흐르기까지 흘러가야 했다. 하천이 또 다른 하천을 만나 강으로 금강으로 흘러가야 했다. 흐르는 것들의 움직임과 흐르는 것들의 굴러다니는 고통으로 흐르는 것들의 울음과 흐르는 것들의 순결한 저 살결로, 저 정신으로마저 흘러가야 했다. 그저 흘러갈 뿐이었다.

김완하의
시 속의 시 읽기 6

초판 1쇄 발행 2021년 8월 30일

엮고쓴이 김 완 하
펴 낸 이 김 정 희
펴 낸 곳 맵시터
등 록 제 2002-000026호
주 소 서울특별시 성동구 아차산로 49, 404호(성수동1가, 서울숲코오롱디지털타워3차)
전 화 02-464-7708
팩 스 02-499-0846
이 메 일 hkm7708@hanmail.net
홈페이지 http://hph.co.kr

책값은 뒤표지에 있습니다.

ISBN 979-11-85923-31-4 04810
ISBN 979-11-85923-11-6 (세트)